问家长

一个教育局长的反思

黄延平 著

WUHAN UNIVERSITY PRESS
武汉大学出版社

图书在版编目(CIP)数据

问家长:一个教育局长的反思/黄延平著.—武汉:武汉大学出版社,2018.8

ISBN 978-7-307-20339-6

Ⅰ.问…　Ⅱ.黄…　Ⅲ.中小学教育—研究—中国　Ⅳ.G639.2

中国版本图书馆 CIP 数据核字(2018)第 142226 号

责任编辑:朱凌云　　责任校对:李孟潇　　版式设计:汪冰滢

出版发行:**武汉大学出版社**　(430072　武昌　珞珈山)

(电子邮件:cbs22@whu.edu.cn　网址:www.wdp.com.cn)

印刷:湖北金海印务有限公司

开本:720×1000　1/16　印张:13.5　字数:168 千字　插页:1

版次:2018 年 8 月第 1 版　　2018 年 8 月第 1 次印刷

ISBN 978-7-307-20339-6　　定价:39.00 元

内 容 提 要

本书以教育局长“中间人”“过来人”的独特视角，针对中小学学生家长、老师在孩子教育中出现的焦躁、困惑、疑虑和纠结，结合作者数十年教育教学实践与研究，从不同层面、不同角度叩问教育，叩问家长，坦诚而个性化地表达自己对教育的见解与建议。本书设问犀利，笔调轻松自然，其内容适合中小学学生家长、老师阅读，也可供教育管理者研究参考。

教育家既要有“见”又要有“行”

（代　序）

在国人的心目中，对“家”一字情有独钟，其实在西方拼音文字中，“家”与“者”是没有区别的。例如，科学家与科学工作者的英文都是Scientist，其他诸如数学家（Mathematician）、物理学家（Physicist）、化学家（Chemist）、生物学家（Biologist）、心理学家（Psychologist）、哲学家（Philosopher）、教育学家（Educator）、作家（Writer），等等。无论是在我国古代，或是1949年以前，甚至在当今的西方各国，专家的称谓并不流行，那么，国人对专家顶礼膜拜是怎么形成的呢？据我考证，20世纪50年代初，苏联向我国各个领域派出了大批的专家，他们居住在专门为其建造的豪华专家公寓，配备当时极为稀有的轿车，领取相当于我国普通知识分子十多倍的工资，技术工作中享有一言九鼎绝对的权威，于是专家也就成了人们崇拜的偶像。

当然，问题并不在于专家这个名称上，专家称谓流行起来也不值得大惊小怪。既然科学家、理论家、作家、画家等，都已经成为人们职业的象征，那么与教育有关的人口，几乎要占全国人口的四分之一，因此教育领域也应当有自己的教育家。问题是，在我国教育家既神秘又稀缺，难怪日本人说中国只有两个半教育家，这当然是十分偏颇的。应当说，无论我国古代或是现代，都有数量众多的教育家，但享有世界声誉的教育家，以及在世界上有影响的教育论著，我国却几乎没有。

什么是教育家？权威的《西方教育词典》释义是：教育家与教育者是同

义词，是“指教育领域中知名的研究者或理论家，和具有比教师威信更高的人(他们可能不再当教师，或甚至从未当过教师)”。陶行知先生是公认的人民大众教育家，他曾经说过：“我们常见的教育家有三种：一种是政客教育家，他只会运动，把握，说官话；一种是书生教育家，他只会读书，教书，写文章；一种是经验教育家，只会盲行，盲动，闷起头来，办……办……办。”由此我们不难看出，政客教育家，当然不能称为教育家，他们既没有“见”也没有“行”；书生教育家，他们也许有“见”但没有“行”，也算不上是真正的教育家；经验的教育家也许有些实际经验，但他们不懂教育理论，也没有对教育进行专深的研究，自然也不是真正的教育家。

我认为真正的教育家，必须是既有“见”又有“行”，所谓的“见”是见解、远见、卓见、创见和独立的见解；所谓的“行”是躬行、笃行、进行教育试验和教育改革试点等。古希腊的著名哲学家柏拉图，为了进行教育实验而创办了柏拉图学园，培养出了圣哲亚里士多德、几何之父欧几里德，其中任何一人都是绝伦逸群的。美国约翰·杜威创办了实验中学，以推行他的“生活即教育”的理念，历时 10 年。英国哲学家白兰特·罗素与妻子共同创办了比肯山学校，以自己和朋友的孩子为对象，推行自由教育。苏联的安·谢·马卡连柯和瓦·阿·苏霍姆林斯基都是从小学教师做起，坚持不懈地进行教学改革实验，最终他们都成为伟大的教育家，其教育论著在世界有很大的影响。

教育是一块伟大的实验场地，教育改革必须进行实验，教育创新也需要实验。我国是一个人口众多的大国，拥有任何国家无与伦比的教育实验资源，如果我国的教育学的学者、哲学家、各类学校的教师和各级教育行政部门的管理者，都参与到教育的实验中来，必将产生无以计数的教育家，推动我国的教育改革，创立我国本土的教育学理论，甚至是教育学学派。

其实，教育家并不神秘，他们既不需要哪一级政府批准，也不需要申报和评审，就像科学家、作家、画家一样，只要自己在本职工作中做出了卓越的成绩，获得了同行的认同就可以称为教育家。具体来说，我认为具备以下条件者都可以称为教育家：首先是挚爱教育，把教育当作宗教来信仰，当作生命来呵护，教育已经成为其生命的重要组成部分；其次是要把全部的智慧和精力，贡献给教育事业，无论是从事教学或是教育管理，都要做到殚精竭虑，励志于教育改革，在实际教育工作中有重大的建树；再次是要刻苦学习和研究教育理论，特别是世界教育经典名著，以理论指导教育实际工作，再把实际工作经验上升为理论，发表或出版具有独特见解的教育论著。

按照这些条件，我认为天门市教育局前局长黄延平先生，应当是一位既有“见”又有“行”的教育家。他出生于教育世家，既受到家庭教育的熏陶，又接受了纯正的师范教育，这是他成为教育家的有利条件。天门是人杰地灵之地，是著名的侨乡，是传统的教育强市，是他大有英雄用武之地。他拥有丰富的从事教育工作的阅历，曾经当过小学教师、小学校长、中学教师、市教育局局长、职业学院的党委书记等，这些经历是他成为教育家的丰腴沃土。他在这片沃土上耕耘了40多年，果然结出了丰硕的果实。他不是一个典型的官员，倒是像一位学者化的教育行政领导人。他先后发表了300多篇教育学术论文、调研报告和文学作品。例如，在《中国教师报》上，发表了《老传统焕发新魅力》；在《青少年研究》上，发表了《百校万家携手创新教育生态》等，其中都有他对教育问题的真知灼见。

最近，他的《问家长——一个教育局长的反思》一书，将由武汉大学出版社出版，我有幸被邀请为该书作序。由于这个缘故，我先睹为快。我从书中看到他对教育的大爱，领略了他在教育上的睿智，这是他成为教育家的又一证明。人们认识客观事物，不仅决定于思维方法，而且观察问题的角度也同样是重要的。当我看到这个书名时，不免有些好奇，为什么一个教育局局长不问自己，不问学校校长，不问教师，而偏偏要问家长呢？当我浏览了书稿以后，我释然了。

在我国教育的历史上，家长参与或者说干预学校的教育，从来没有像现在这样严重。直到20世纪80年代，我国教育领域还是一片清澈平静的清泉，90年代初是我国教育史上的一个拐点，从此教育领域就不安静了，圣洁的教育土壤遭到污染。究其原因，就是教育改革倒退，家长们被功利化所裹挟。黄延平先生是洞察到了这个趋势，所以他既是以前后的“当局人”，更要站在“中间人”或者中立的立场，来反思我国基础教育中的种种问题，于是就催生出《问家长》这本书。本来，我国为人父母者，都有一个望子成龙或望女成凤的心愿，其情是可以理解的。但是，在一个以功利为导向和极度浮躁的当下，家长们期望孩子成才急不可耐，恨不得孩子“一日成名”，“一夜窜红”，于是就出现了全国性的陪读、陪考、陪送的热潮，甚至连大学里的年轻的博士、教授们也加入到“三陪”的行列，真是愚不可及。试问：古今中外大师级的人才，有哪一个是由陪读陪出来的？

《问家长》一书，的确与其他著作不一样，视角独特，新意连连，是作者根据自己实践、观察、体验和思考而得出的真知灼见。这是一部既有“见”又有“行”的教育论著。例如，作者对于快与慢、优与劣、贫与富、名校名师等，都有辩证的分析，恰当地估量了它们在孩子成才过程中的作用。我特别欣赏他对德育与美育的见解，作者摒弃了传统的说教，认为德育的功能是塑造人灵魂的高贵，而美育是塑造人的灵魂的丰满，这样德育就不再是假大空的说教，而是可触可摸有客观评估的标准。一个人的灵魂是否高贵，品德是否高尚，一眼就能够判断出来，丝毫是不能掩饰住的。

作者并非停留在坐而论道，他深知只有行动才是对理想最好的拓荒，除了例行的考察以外，他十分注意开展教育实验，积极推广教育改革成功的经验。例如，他在任职期间，先后开展过“高效课堂”系列实验，“师生双向选择”的试点，“师生互评”的试点与推广。在这些实验中，最具代表性的是综合性的“家校携手共同成长”，这项教育实验集中的时间段有两年，全市有1万名教师和20万名学生参与实验。这项教育实验的主要内容有：万名教师访万家，万名家长进校园，开展书香万家读书大奖赛，等等。实践证明，这项教育实验获得了良好的效果，增强了家校之间的互相了解，增强了教师的责任感，提高了家长和教师尊重教育规律和学生成才规律的认识，营造了家校共育的教育生态，等等。

上述教育实验所取得的成就，显示了一个资深教育家的远见卓识和改革的魄力，改革的灿烂之花，必然结出丰硕的教育之果——《问家长——一个教育局局长的反思》。本书不是秘书代笔，也不是官腔讲话的汇编，而是作者亲力亲为亲笔撰写的纪实。全书文字优美，笔调轻松，读来有亲临其境之感，也会使家长获得教育的启蒙。借作序之际，我向广大的学生、家长、教师和教育管理者推荐此书，相信你们将从中受到启迪。同时，我也借机呼吁更多的教育行政管理者，努力学习教育理论，投身到教育实验中来，使自己成为有所作为的教育家；希望家长们端正教育价值观，去掉教育的功利性，回归到教育的启蒙和解放的功能上，放飞你们的孩子吧！

此忝为序。

刘道玉 谨识

2018年7月16日

于珞珈山　寒宬斋

目　录

Contents

B篇
家庭教育

C篇
家校共育

开　篇
面对当今教育的反思

老师上完课，做个“课后反思”，以知得失，明短长，总结提升，螺旋上升。如此不断改进，止于至善。

做了多年教育局长，到点“下课”，做个“课后反思”，以识虚实，辨是非，究师生之际，通教学之道，让教育回归到遵循教育规律和人才成长规律的常态上来，减少对教育不明就里的指手画脚，减少对父母不负责任的干扰误导。这也算物尽其用、人尽其才吧。

教育需要反思的内容不胜枚举，形式与方法见仁见智。我呢，怀揣着理想，直面于现实，以“当局者”与“旁观者”的双重经历，站在学校与家庭之间，聚焦家校合作共育话题，我的反思应是比较靠谱的一家之言。

七八年前，我“跨界”“回归”教育。说“跨界”，因为从老师到基层干部再到教育局长，“跨度”不小。说“回归”，因为我与教育素有不解之缘。第一个专业训练是师范，第一个职业是教师，第一个管理岗位是教育行政。况且，我还是家里第四代教育工作者。“回家”的亲切感，正好“对冲”履新的陌生感。

没什么特别的创意，只是照常规出牌：下车伊始，调查研究，一是调研服务对象：学生，家长；二是调研工作队伍：老师，校长。始料不及的是，随着调研的一步步深入，越来越发现许许多多的似是而非，越来越察觉到家长与老师彼此的隔阂和距离，互相的排斥和抵触。

教育，本是一件幸福的事情；教育，本是一个美好的话题；教育，总是与希望、理想、未来、发展、成长……紧密相连。

可在现实中，特别是在面对学生家长、学校老师时，教育，早不是一件省心的活儿；教育，早不是一个轻松的话题。

教育，却总与焦虑、疑惑、困扰、烦恼、纠结、沉重……犬牙交错，此消彼长，令人无所适从，莫衷一是。

不是吗？当网上热炒“父亲陪孩子写作业以致心肌梗塞”，当微信嘲讽“教育专家面对家长质疑张口结舌”，当报纸鼓吹“某省宣布果断取消家庭作业”等事件的时候，有多少人能独立思考、冷静判断？

我们再看看学校、班级的“家长群”，看看老师的“朋友圈”吧。

● 期待孩子成长的急不可耐

教育，本是静待花开、树人百年的慢工细活，可是在功利浮躁的社会心态和一日成名、一夜窜红“成功范例”的浸染熏陶下，人们似乎忘记了春种秋收种瓜得瓜的常识，而迫不及待地指望孩子“春风得意马蹄疾，一日看尽长安花”——岂止看尽，还要鲜花盛开；岂止鲜花，还要大树，要参天大树——因为花儿只能欣赏，不能兑换成巍峨的顶戴、亮晶晶的银子。

不仅家长如此。就是学过教育学、心理学，接受过系统专业训练的老师，也耐不住循序渐进、按部就班的寂寞，而忙碌于寻找速生丰产、直奔主题的快捷通道——蟾宫折桂，金榜题名。“删繁就简三秋树，领异标新二月花”——凡不纳入高考科目的都视为无用之功，哪怕是生存技能，统统“休养生息”，即便无奈之下“被迫”纳入的也要抢前争先、“出奇制胜”。

据此，孩子的“起跑线”设置得越来越前，越来越早，似乎这样才能抢占先机，创造卓越。

结果，在绵绵不断的“助壮素”、“增高灵”的强烈刺激下，一些孩子要么弱不禁风、不堪一击；要么少年老成、满脸世故；要么眼高手低，夸夸其谈。缺乏健壮的体魄、健康的人格，难以成人成才，更难堪当大任。

● 学校家庭责任的边际模糊

孩子教育,本该是学校教育与家庭教育各有侧重、优势互补、密切配合、珠联璧合的相互作用过程,哪方缺位或者薄弱都会相互掣肘,甚至力量抵消、事倍功半。可是在宽于待已、严以律人的文化背景下,学校、家庭都希望对方勇于担当,善于作为。

学校总是认为,优秀的家长、优良的家庭环境几乎决定孩子成长的质量与效率,道德品质、行为习惯、思维方式、学习方法等这些学生成才的关键因素,都应是家庭教育养成,都是家长应该承担的责任。您把一个不怎么样的“毛坯”给我,纵然我费尽洪荒之力,也不能让石头孵出小鸡——好种出好苗,好苗长好树。

家庭则又是一番道理:学校的职责不就是教育吗?我家孩子要是白璧无瑕、完美无缺,那为什么还送到学校去起早摸黑?老师是辛勤的园丁嘛,培土浇水,整枝打叶,传道授业,教书育人。家长什么都“承包了”,什么都做好了,还要专门的机构、专业的教师干什么呢?

家校两方都不是无事生非、无理取闹啊!令人尴尬的是,某个“结果”出来后,成功了各自总结炫耀,失败了相互推诿指责。要是出现意外突发事件,家校或许更是针锋相对,水火不容。

● 家长老师之间的互不信任

家长和老师,本是孩子成长缺一不可的“双引擎”。一样的情怀,一样的期待,几乎可以角色互换。专家说,父母是孩子最好的老师,家庭是孩子最好的学校;古人言,一日为师,终身为父——这都是发自肺腑感人至深的至理名言啊。

可是“名言”也遇到信任与理解缺失的尴尬。

各科老师焚膏继晷、鞠躬尽瘁,好不容易学生考上了“211”名校,本以为家长会三呼万岁、感激涕零，可家长轻描淡写、若有所失："别人家孩子还考上'985'呢，'985'奖金更高啊！"

邻桌有暴力倾向，孩子不敢报告老师，家长动用一切资源终于找到学校领导想调换座位。班主任闻讯大怒："都这样搬领导压我们，这正常的座位轮换还怎么推进？"但一旦出事，老师则振振有词："为什么不早说呢？家长为什么总是亡羊补牢呢？"

天地良心，老师以人格担保，看到一本好书迫不及待向学生推荐，家长嘀咕："回扣一定不低……"

百密一疏。家长确实出差在外，唯一一次没有亲自检查孩子作业，而委托邻居代签"已查"，正好没能逃过老师明察秋毫的火眼金睛。不幸又碰上心情不好，老师终于有了释放窗口："什么家长？要求老师爱生如子，老师能这样不负责任吗？"

- 孩子叛逆阶段的提前延后

随着教育知识的普及，家长都懂得孩子成长过程中有个"叛逆期"，因而在这一阶段一般比较大度、比较谨慎。对孩子的爱理不理、顶撞冒犯多不介意——自己孩子嘛，忍耐包涵一下，也不秋后算账，只希望过了这阵，一切迎刃而解。

可等着等着，终结的日子似乎越来越遥不可及。这是怎么啦？这叛逆怎么来时如急兔冲刺，去则似慢牛爬坡？

殊不知，由于家长过于急切的期望，过于单一的唠叨，孩子已经从"懒得听"到了"懒得说"，之后又进入了"听了没用"、"说了也没用"的延续性"叛逆"。渐渐地，这种抵触、不屑成为一种常态，甚至一种病态。这不仅有损现在正常的学习生活，而且把这种负面情绪习惯性带到以后的人生。以后的人生里，那种糟糕的人际关系，岂不更让人忧心忡忡？

● 教育政策解读的事与愿违

这么多年来,教育政策主旋律特别悦耳特别响亮,那就是提高教育质量,推进教育公平——言之凿凿,行之切切,并且国家切切实实为此作了大量艰苦卓绝的努力。可现实却不领情。

你强力推进均衡发展,老师解读为削峰填谷、向后看齐;你刚性规定平行分班,老师解读为归大堆、大锅饭,一刀切、一锅煮;你绝不允许公布考试成绩、按照分数排名,老师解读为难得糊涂、干好干坏一个样……

家长呢,基本是存在决定意识,状况决定取舍。不听你叫得怎么响,只看你私下怎么做;你有政策,我有对策;你有“办法”,我有想法。你说划片招生,为什么还有“共建生”、“特长生”?你说电脑派位,为什么还按“条子”排队?透支几辈子债务买了个天价学区房,你又弄出个什么多校划片。是为了权力继续寻租,还是不把人折腾个半死才善罢甘休?

● 专家学者指点的扑朔迷离

几乎所有人都自以为对教育不陌生,对教育问题有切身体会,都会对教育问题评头品足。一般的指点不易让人豁然开朗、茅塞顿开,一般的见解不易引人注目,更难振聋发聩,这逼得一些“专家学者”为了花样翻新,刻意标新立异,颇有“语不惊人死不休”的气概:或引经据典、虚张声势;或挖空心思、闭门造车;或高深莫测、云遮雾障。试图以其昏昏、使人昭昭,弄出一些谁都不能自圆其说、自己都半信半疑的“解决方案”,涂脂抹粉,穿靴戴帽,现炒现卖,四处兜售。

结果是专家学者腰包鼓起,中部崛起;家长老师雾里看花,越看越花。

为什么本应休戚与共,却又心存芥蒂;本应唇齿相依,却又貌合神离;本应形成合力,却又能量相抵?

……

七八年之后再来反思这些，我似乎看出更多的价值。

作为在任的教育局长，一肩挑起学校、家庭两头，孰轻孰重都不能动态平衡，稳健前行。

作为卸任的教育局长，一手托起过去、现在两端，畸轻畸重都不会混淆视听，贻误大局。

所以，本书真诚面向教育真谛方向，真心面对家长与老师。

站位“中立”——不为任何人寻托词，不给任何事找借口。

直抒己见——不兜圈子，不绕弯子；直话直说，长话短说。

原创风格——没有复制粘贴，很少引经据典；尽量不用术语，也不故作高深；没有“学术腔”，也非“流水账”。

通篇实话——不矫情，不粉饰；返朴归真，朴实无华；大道至简，平凡是真。

本书与铺天盖地、狂轰滥炸的“秘籍”、“大全”迥然不同，但可能与您和您家人的感受贴近，思考接近；有些还会不谋而合，让您相视一笑。这当然不是为了兜售本书而曲意迎逢，实乃“英雄所见略同”尔。

只愿相伴同行，一路风景。

只愿高山流水，得遇知音。

A篇

学　校　教　育

孩子教育，无疑大部分在学校实现。也许正因为如此，许多家长特别是教育界之外的、较少深入学校的家长朋友，总以为老师几乎无所不能，学校能够完全托付。

殊不知，当今的学校，早已不是世外桃源般的“学堂”、“书院”，早已在力不从心与不堪重负中砥砺前行。学校不愿被人小视，硬充英雄好汉，以捍卫最后的师道尊严，但内心渴望着社会的理解与认同，更渴望形成教育合力。

本篇将撩开神秘、神圣的面纱，告诉您一个真实的学校教育，一个作为家长必须了解的教育现实。

01

孩子的教育大于天，您是否感到了责任与压力，或一丝丝焦虑?

孩子健康成长，是一个家庭最大的期盼、最美的愿景：子孙兴则家族兴。

孩子健康成长，是一个国家最大的财富、最强的实力：少年强则国家强。

孩子健康成长，教育之天职也。

教育之天职，又决非学校教育之一木能支。

孩子教育，不是按一个目标管理，不是按一个模式雕塑，不是按一个标准制造，更不是按一个戒律限制……

那孩子教育是什么呢？我给出如下描述，您看是不是这样——

一种保护：保护孩子的天真童趣，保护孩子的好奇心、想象力，保护孩子身心不受伤害、少受污染。

一种扶持：扶持孩子牙牙学语，扶持孩子蹒跚学步，扶持孩子增长生存能力、生活能力，扶持孩子锻炼坚强坚忍的意志品质，从容而积极地面对生活、面对世界。

一种陪伴：陪伴孩子经历风风雨雨，见证起起落落，趟过坎坎坷坷，把握沉沉浮浮。让孩子在失重的时候有依托，在疲惫的时候有港湾，在寒冷的季节里有温暖，在漫长的跋涉中有陪伴——尽管这种陪伴只是一个时段。

一种引领：引领孩子面对光怪陆离的世界，面对色彩斑斓的人们，面对不可回避的矛盾，面对必然出现的困难，以比孩子看得更深走得更远登得更高的姿态，树立标杆，作出榜样。

一种教化：教化孩子崇真向善，立己达人；教化孩子完善自我，服务他人，报效国家，造福社会，富有责任感和担当精神。

一种激发：激发孩子自尊、自信、自主、自强，激发孩子的求知欲、上进心、荣誉感、成就感，激发孩子的主人意识、主动精神，让孩子保持积极阳光的精气神和健康向上的内动力。

一种托举：托举孩子站在自己的肩膀上，以前人创造的文明成果为起点，传承既往，接力并超越前人，有仰望星空之眼界，有脚踏实地之耐心，有开创未来之志向，有实现目标之实力。

孩子教育，说到底就是一种守望：守望孩子身体健壮，内心强大，视野开阔，能力提升，守望孩子健康而尽可能快乐地成长，继而放飞于一望无垠的天空。

这样对孩子教育的表述，让您有更多的思考维度，也让您有更大的想象空间。理想的教育，本该是个性发展，本就是因材施教。

这样的表述，当然与教科书的定义有所不同——因为我们的侧重点不一样，也因为我们的读者群不一样，但有三点是毋庸置疑的：

一、孩子教育是一门科学，是一种心灵守望的幸福体验和静待花开的过程积累，任何凭感觉随大流的方法、任何简单化功利化的心态，都不能实施积极有为的教育，取得优质而持续的成效。

二、孩子教育是一个开放的体系和一个相互作用的系统工程，任何哪怕是刻意的封闭训练、任何哪怕是强化的单兵独进，都无法达到全面发展的孩子教育目的。

三、孩子教育的主体、教育的环境、教育的责任是学校、家庭、社会。在当下社会教育还一时难有大的作为、更难以进行实证研究的情况下，重点探讨学校教育和家庭教育，更有利于我们现实且科学地认识孩子教育，继而形成促进孩子健康成长的生机与活力。

我们从学校教育开始认识吧。

学校，这是一个神圣的地方，塑造操行，培育精神，启迪心智，打开视野；代表文明进步，显示道德精神，凝聚智慧才能，承载国运兴盛。曾经，千家万户神龛上所供奉的，是这里的教育者；千秋万代所期待的，是这里的受教育者……

时光荏苒，斗转星移。不知何年何月起始，这里渐渐褪去天然的庄严，失去应有的光环，人们对老师不那么毕恭毕敬，甚至傲睨自若、不屑一顾，失望之意难以言表。老师满腹的心酸，学校一肚子委屈。街谈巷议，行风评议，参政议政，百姓问政，教育总是十分“幸运”，无需任何努力轻而易举就上了头版头条。

“钱学森之问”本来可以引起全社会对教育的进一步重视和思考，却被广泛解读成教育的全军覆没；教育资源投放的滞后性短缺和配置的阶段性差异，使得许许多多的人特别是因孩子上学而伤透脑筋的家长朋友，对教育这个领域凭直觉就少有好感，少有轻松愉快的记忆。

更重要更关键的是，家长们谁都认为自己孩子聪明、优秀，只是因为老师的原因而比不上“别人家的孩子”；谁都希望那些酣畅淋漓的质问、责问、反问，一浪高过一浪，立马使得教育中所有问题迎刃而解，自家孩子“好风凭借力，送我上青云”，一举成为“杰出人才”。

你看，熙熙攘攘之后，纷纷扰扰之后，情真意切之后，义正词严之后，大家都会不约而同地仔细端详自己的孩子：那是既可爱得爱不释手，又无奈得一筹莫展。唉，为什么“别人家孩子”就那么不知不觉、一帆风顺地品学兼优了呢？为什么“别人家孩子”就那么不声不响、一气呵成地成才成功了呢？

于是，研究，琢磨，讨教，借鉴，找来一大堆“秘籍”“大全”，破天荒地挑灯夜读，破纪录地促膝谈心……结果呢，越来越不知所云，越来越云遮雾障，小两口或者一大家子人删繁就简，统一认识——来个简单快捷的“复制粘贴”：精选一个品牌学校，精选一组名牌老师，让我们家孩子得到最优质的教育，在起跑线上就有名师醍醐灌顶，就有名校光环照耀，在懵懂孩童时就有如今是最优秀的同窗、将来是最优质的资源相互提携一路相伴。如此这般，这般如此，何愁我们孩子不出类拔萃、出人头地、光彩夺目、光宗耀祖呢？干脆一步到位吧——现在不是有好多“全托”的“国际学校”、“双语学校”吗？

对，全托！于是，使出浑身解数，开发全部资源，不管九天揽月、五洋捉鳖，哪怕尽其所能、倾其所有，只要孩子能上一个“全托”的名校！

02

孩子“托付”给学校，哪怕是优质名校，您就可以坐享其成，坐等“意外的惊喜”吗？

所谓“全托”，指的是这样三种情形：

其一，父母常年在外或者家庭变故原因，孩子从幼儿园、小学开始就“寄养”在“封闭式管理，军事化训练”的“国际学校”、“特色学校”，以及为“适应”需求而不得不改弦易辙的“全日制寄宿学校”，吃喝拉撒，身体心理，品德能力……全部“承包”给学校，“托付”给老师。父母则辛苦挣钱以保障费用支出。

我所接触并作为研究对象的这类孩子，在县市以下约占全部中小学学生的70%。他们大多是“留守孩子”。官方调查资料显示，全国“留守孩子”有6100万人，其中900万孩子一年见不到父母。

其二，父母由于工作、生存压力，以及对孩子教育的无能为力、力不从心，遂将孩子教育委托给爷爷奶奶——反正他们有的是时间与耐心，并且还乐此不疲。空间分布有异地，也有同城，甚至一个屋檐下。爷爷奶奶起初信心满满，时间一长唯恐有失，担待不起，殊途同归地再把孩子教育“转包”给学校老师。专家估计，这类情形在城市约占30%。特大城市可能占比更高。

其三，没有什么特别的原因，只是认为孩子教育太琐碎、太复杂，一波三折，反反复复，又难以立竿见影、功成名就，于是乎，寄希望于“全能"的学校、"卓越"的老师，让自己解放出来、解脱出来。这既有行为上的直接"全托"，更有精神上的过度依赖。在当今大家都"累并困惑着"的大背景下，这种情形几乎随处可见，屡见不鲜。

这种普遍滋长的"全托"行为或心态，造就了强大的需求与巨大的"商机"。

于是乎，"贵族学校"应运而生，"国际教学"人满为患，"大众教育"改弦更张：本来普惠制的基础性的中小学教育，勉为其难地成为"高端化"的 VIP 会员似的"精英教育"。

于是乎，费了九牛二虎之力助推孩子挤进"全托"的家长长舒一口气，如释重负：再不用那么起早摸黑、来回接送、两头顾不上，再不用那么费尽心思、苦口婆心，吃力不讨好了。反正全托给学校了，学校不是说了吗？"给我一个信任，还你一个惊喜!"

更为糟糕的是，一些不太负责的"专家"、"学者"还在那里摇唇鼓舌、推波助澜："孩子'全托'，可以锻炼独立生活能力，可以培养团队精神，可以改变'骄''娇'二气，可以做到循规蹈矩……"文思泉涌，"排比"迭出，稀里哗啦一列就是十条八条。您要是较真问一句"您家孩子上'全托'吗?""专家"、"学者"一定顾左右而言他。

盲目的攀比、从众，加上许多父母并不认为教育是一门每个人都要自修的科学，而又非兴趣之所在，强项之所在，所以企求一托了之，简单省事；结果呢，往往是一厢情愿，事与愿违。

其实您只要稍稍在自己脑子里过滤一下，就会发现这个结论的荒谬："全托"果真一举多得，那孤儿院就可以提供最好的早期教育。

事实上，孤儿院长大的孩子，大多存在较为麻烦的问题：情感发育不良，智力发展滞后，对自己的不自信和对别人的不相信，严重阻碍与他人的对视与对话，行为怪异，容易在自己设定的范围内重复只有自己感兴趣的刻板语言、动作，对别人的本能的防范、排斥意识，让他们很难真正融入集体。

至于所谓的“独立能力”、“团队精神”云云，都只是表层的、被动的不得已而为之。“骄”“娇”二气是少了，也能“循规蹈矩”，但替代这些的则是麻木、冷漠、懦弱，少年老成，未老先衰。

而一个健康成长的孩子，我们社会所需要的人才，特质正好与此相反。

所以，真正对社会担当责任、对孩子充满爱心而又深谙教育规律的大家、大师，是自己克服难以想象的艰难困苦，从大城市、大校园来到穷乡僻壤，开启乡村启蒙教育——为了孩子有亲情的温暖，精神的陪伴。因为大家、大师懂得，亲情与陪伴，本身就是教育，并且是无可替代、无可补救的教育。

家长总是习惯于用自己的“好办法”去安排孩子，就如“全托”、“寄宿制”一样。不客气地说，这种可视为反人性、反天性的违背自然规律社会规律的“举措”，只是披上了温情脉脉的外衣，掩盖了剥夺孩子天然需求的寒意。

本来，对孩子而言，最宝贵的不是遥远的成功成才，而是身边的现在：温暖的怀抱，温柔的眼神，温润的话语，温情的氛围；是天然的亲情：肌肤相亲，气味相投，耳鬓厮磨，朝夕相伴，可以撒娇、任性，随心所欲，异想天开。

不要用成年人所谓的“完美”标准去雕琢孩子！孩子在成长过程中必然伴随那个年龄段的不完美，正因为如此，孩子才真实可爱，才是可塑之才，才有无限的发展空间。

孩子从“自然人”长到“社会人”，首先是一个自然过程，先要满足温饱、安全、亲情、呵护等基本的需求，然后才能培养自理、自主、自律以及主动积极地与人合作、替人着想的团队精神。

就是说，人的成长是先有自然属性，后有社会属性。遗憾的是，这些基本规律，往往为许多貌似真理的夸夸其谈所掩盖。不少孩子由于与家庭过早地剥离，与父母过早地分离，已经出现不少心理问题，只是我们一些家长心怀侥幸，希望那只是“别人家的孩子”；即便自己家孩子有些格格不入，也只是善意地期望：那只是暂时的不适应而已，孩子长大一点会水到渠成、自然解决。

殊不知，过早脱离家庭的孩子的许多缺憾，都是难以弥补的。就像树上的果子，大风刮下后，等待再长时间，也不会自然成熟——因为没有了母亲的营养。

孩子教育是很难回头“补课”的，一个阶段有一个阶段的需要，一个时期要做一个时期的事情，过了这村就没了这店。在最需要怀抱依偎的时候，在最需要亲情滋润的时候，在最需要父爱母爱的时候，孩子独自面对陌生的墙角与陌生的面孔，缺乏情感依靠、行为依赖，孩子会过早地感到生命的贫乏与亲情的疏离。孩子所丧失的不仅是童年、少年的美好回忆，更多的是人生幸福感的追求动力。

况且，孩子真正需要父母陪伴且父母可以陪伴的时间，就那么十几年。不要指望您闲下来以后，再有什么弥补——如果有，那将是您生命尾声的另一种少有希望的、被动的陪伴。如果不珍惜和孩子朝夕相处的前十几年，恐怕就永远“历史性”地错过了两代人人生最美好的相处时光。

为了证明这个道理，我不得不搬出不少国家用于治国理政的著名经典《国富论》的作者、英国经济学家亚当·斯密的论述：“孩子长时间与父母分离，会使家庭伦常和家庭幸福遭到最根本性的破坏。任何东西都不能弥补寄宿生活给孩子带来的伤害。家庭教育是自然之神设置的，完整的家庭教育才是培养孩子最智慧的途径。”

显而易见，这个真正“智慧”的大家，明确反对把孩子“全托”给学校。

我们公认的、大家耳熟能详的教育大师苏霍姆林斯基说得更为直截了当：“再好的寄宿学校也比不上母亲的教育。”

苏氏所言的母亲教育，当然可以理解为家庭教育。

可喜的是，我们一些真正对孩子用心的家长，或许没读大师的“大部头”，就凭对孩子那份与生俱来的情，那份无微不至的爱，细心观察，认真比较，印证了大师的结论：“全托”，确实弊端丛生，不可不三思而后行。

现在，您还会为孩子上不上“全托”而纠结、而焦虑吗？

03

在世外桃源般的学校里可否“两耳不闻窗外事，一心只教圣贤书”？

既然家长对学校这样地无限信任、全权委托，全家人满怀期待“还我一个惊喜、给出一份满意”，那么我们的学校也一定“深感使命光荣责任重大”，理当“鞠躬尽瘁、殚精竭虑”。没错，不负重托本是一种可贵的担当。

现在的问题是，教育是科学又是艺术，仅有“态度”、“精神”远远不够；教育又是个慢工细活，比不得大干快上的立竿见影，不是有了使命感、责任心就能大功告成。孩子的成长有其自身的规律，靠其内在的积累与突破；教育也有其自身的规律，不是有了“担当”就能马到成功、捷报频传。

教育，最忌讳的正是急功近利、急于求成，正是只要结果不问过程的“甩手承包”。为了说得更清楚些，我们不妨来看看实现教育的途径和方法都有哪些，而其中学校又能实实在在地承担得起多大的分量。

- 道德教育

这是首当其冲的教育。家长、学校都无异议吧？德育的核心是帮助学生树立正确的人生观、价值观，确立崇高的人生目标和远大的理想信念，使学生具有高尚的道德情操，成为有责任心、有正义感、有奉献精神，对国家、对团队、对家庭有担当、有价值的合格公民——道德教育的实质是培养孩子高贵的灵魂。

德育是孩子一生成长的奠基工程，更是孩子现实生活中的必修功课。可是不少人包括许多老师和家长认为，孩提时代只是未来人生的准备阶段或者是“大人”阶段的预备期，“把孩子教育成人”只是预期而不是现实，因而德育多半定位于未来。

还有的家长尽管对德育认识挺高，高谈阔论、浅吟低唱，都不约而同地认为，孩子成功与否并非唯一追求，而成人——成为一个对社会有用的人——至关重要：不求改变世界，但要独善其身；不求荣华富贵，但要平安幸福。

不管这是不是家长的全部真实要求，但至少一点是十分明确的，那就是对孩子的品德操行的重视。但真正行动起来呢，要么大多寄希望于未来，要么要求现在就干脆一步到位：孩提时的德育就几乎与成人一个模式、一个标准，那么就自然而然地放弃了现在符合孩提时代特点的道德教育。

为什么现在不少学生感觉德育单调乏味、无趣无力，不少教育工作者感觉德育空泛虚弱、缺乏感召力吸引力呢？重要原因之一是，我们不少老师、家长仰望星空的多，脚踏实地的少；高大上的多，接地气的少；书上报上的呼唤多，身边的、现实的、看得见摸得着的个人品德、家庭美德、社会公德的示范引导、潜移默化的少；一些应该在现阶段就形成自然习惯的，被还暂时难以触摸的诸如理想信念等高调的说教所替代，可以信手拈来的实实在在的德育，则被视而不见、不屑一顾。

比如尊重别人，尊敬师长；比如公众场合不要大声喧哗，接打手机不要旁若无人；比如看电影不要滔滔不绝、义务讲解，上电梯不要争先恐后、横冲直撞；比如爱护环境，勤俭节约；比如遵守交通规则，帮助老弱病残……那么问题来了：德育的“责任主体”就是学校吗？

不错，学校教育首先是“传道”，学校都开了思想品德课而且分量不轻，但德育的重心是知行合一且行重于知啊。一个学生在学校时通情达理、克己复礼，可到了社会上遇上了“马善被人骑、人善被人欺”，好汉吃了眼前亏；回到家里被一阵臭骂，加之不失时机地“就地取材”“循循善诱”一番，那么学校的教育效果岂不顷刻间土崩瓦解、灰飞烟灭？

美国没有专门的德育课程，孩子们的德育多半在家庭和教堂完成。我曾问一个学监，怎么考核学生的品德水平，她很认真地回答：“上帝管品德啊，一个人做了坏事，上帝会惩罚的啊！”一些偷渡者觉得自身没有说服力，就专门去教堂赎罪，带孩子去接受洗礼。他们认为那样能净化孩子心灵，教孩子好的品德——那是家庭教育的延伸；而更多的父母十分注重家庭里的言传身教——他们认为家庭才是孩子品德形成的关键因素。

德育的最大价值在于无功利的坚守，最难的也在于受挑战受挫折后还能坚守。孩子满怀善意给街头“失学少年”捐钱，被骗；满怀爱心扶起跌倒的老人，被讹。幼小心灵受到欺骗，他的阅历还不足以理解这个复杂的社会，那么他还能不能不改初心、继续爱他人、爱社会呢？

家长的引导最关键！孩子的认知是，家长是“自己人”不是“外人”，父母关在屋子里讲的话、没外人看见时做的事，才是为人处世的“真谛”、“真相”。

比如，孩子在学校接受的教育是“老吾老以及人之老，幼吾幼以及人之幼”，可在家里父母对祖父母动辄恶语相向甚至拳脚相加，对子女一“交”了之、一“包”了之，老的小的都是“甩包袱”的做派。孩子一看，就知道该怎样对家人、对他人了，学校老师苦口婆心讲的那些责任感、使命感，孩子是懂了、理解了，可那是对外人讲的、对外人要求的啊。再比如，父母在家里老是张家长李家短，老师教育孩子不背后议论同学、不抱怨社会，会有效果吗？

所以，德育不单是学校教孩子什么是道德、什么是缺德，更不是孩子思想品德课考了多少分，重要的是孩子跟谁学、学什么，做什么、怎么做，并且表里如一始终如一。在学校，孩子闻道有先后，悟性有高低；而家里的父母呢？孩子从睁开眼睛打量这个陌生世界起，就受您耳濡目染、言传身教，您才是孩子最直接、最直观、最先入为主、最深信不疑的老师啊！

● 智力教育

智育当然是学校的主业，这个不容置疑。我相信没有学校把这个推给家长。智育就是我们通常所说的科学文化知识教育。但智育不仅是复制前人，灌输知识，更要激活孩子的智慧，点燃心智的火焰，把孩子内在的潜质启蒙、开发出来，让孩子自觉地、自由地、积极主动地去追求新知，掌握科学的方法，获得自我更新、自我发展的能力。

在这个系统中，孩子学习兴趣的呵护与培养，应该是家长您为主吧？这个确实要有“早教”思维，因为兴趣就是乐趣，有了兴趣才有内在动力，才能体验到学习过程的快乐，感受到学习进步的幸福，就更容易成功、成才。

有的家长启蒙时就把学习弄得很沉重、很威严，孩子身子还没有站直、站稳，就只感到沉重的压力，体验不到求知和想象的乐趣。说句公道话，孩子厌学的“打造”者，多数是父母而非老师。

孩子思维方式、学习方法的养成，是从最初认识事物、认识世界开始的，而家长您又是最早的发现者、最好的启蒙者。尤其是孩子好奇心、求知欲的呵护与培养，几乎完全取决于家长。家长放心放手地让孩子接触自然，感受生活，让孩子的眼耳鼻舌身尽早地、直接地去体验，孩子在感受快乐的同时，也许对某些方面产生了极大兴趣，继而新发现、新发明呼之欲出，或者储备发明创造的独特视觉、独特思维方式。

我们读爱迪生传记，不是发现他的发明创造都来自童年对鸡窝的细心观察、对玩跳绳游戏的独到体验吗？

还有习惯与方法的形成，特别是具体知识之外的认识世界、适应世界、创造世界的方法和能力。成年人离开学校多年后，还能记住多少具体的知识？岂不是学校白上了吗？虽然具体公式、定理记不住多少，但良好的学习习惯、科学的思维方式则如影相随、终身相伴，不断启迪和发展着我们的继续学习能力。

当然，从具体知识传授的责任比重来说，学校更是主打、更是主业。这个，任何学校都会主动作为，不会消极怠工；都会义不容辞，不会“甘当配角”。

● 体能教育

体育是保证学生“快乐工作五十年，健康生活一辈子”的人生奠基工程。体育不仅可以强身健体，而且可以磨炼意志，培养孩子的坚毅勇敢、吃苦耐劳和团队合作精神。良好的体育习惯和技能让孩子终身受益，强壮的身体是实现人生理想的保证，是激烈竞争中立于不败之地的核心竞争力，是抵抗各种打击伤害、有效保护自己的强大武器。

身体的活力带来精神的活力，带来阳光明媚的心理品质和积极进取的精神状态。如果孩子从小在身体方面处于劣势，就很难形成乐观自信的品格，更不可能形成引领同学带领团队、振臂一呼应者云集的“领袖人格”。

有研究表明，运动是宣泄不良情绪的最佳方式之一；能治疗小时候的多动症，成年后的抑郁症；能整合大脑功能。身体的敏捷协调也会促进心智的敏捷协调。从某种意义上讲，人的心智成长是伴随着体能运动来成长的，剥夺了运动也就剥夺了成长。

大量事实证明，“四肢发达就头脑简单”的表达有悖事实也有悖科学——兴许这话最初只是体格健壮人士的一种自嘲，也可能是一种幽默调侃。

可惜体育却似乎是一些家长不大关心的教育内容。体育怎么是教育呢？那不是要孩子们撒欢玩儿吗？假如有老师把体育课换成文化课，家长一定会伸出大拇指赞扬有加，但学生一定会翻着小白眼表示抗议。可见爱体育爱运动是孩子的天性。

而体育习惯和能力的培养，多半要靠家长的带领和带动。

请问，我们家长有多少人真心实意地陪孩子运动？有多少人心甘情愿、“心狠手辣”地要孩子苦其心智，劳其筋骨，磨砺意志，增强抗打击承受能力呢？——不用马上回答，您可以自我评价一下。

我在美国学习时才知道，学生小学毕业必须学会游泳。这是一个刚性指标。人家学校的防溺水教育是练就战胜溺水的本事，而非在课堂上警告私自下水的严重后果，在江湖边设置“禁止下水”的警告标志——永不下水，当然永不溺水。

- 审美教育

美育陶冶情操，愉悦身心，提高孩子的审美情趣，激发孩子对真善美的追求和对美好生活的向往，提高孩子认识美、欣赏美、创造美、追求美的品位和境界——如果说德育是培养人灵魂的高贵，那么美育，就是培养人灵魂的丰满。

从一定意义上说，美育也是人生生活质量的源头。一个有艺术特长的人在哪里都会受到欢迎和欣赏，因为他能给大家带来快乐美好高尚的享受；一个有艺术特长的人在家里也能生活得高雅脱俗，因为他能排解寂寞和消沉，丰富感情，宁静心灵，让内心充实和高贵，营造丝竹纯净琴瑟和谐的氛围与环境。

艺术，不仅养眼、悦耳，而且养心、提神。

随着经济的发展和社会的进步，许多家长对孩子审美教育的认识程度和实际投入都大大提高。“柴米油盐酱醋茶，琴棋书画诗酒花。”美育已经融入城市家庭生活，并且发现天赋早、开发潜能早，天才较少埋没，人才较少浪费：“小荷才露尖尖角，早有蜻蜓立上头。”

我估计下一步，陪孩子看书画展、听音乐会、进博物馆一定会成为许多家庭生活的“重要组成部分”，成为家庭日常生活的一种“新常态”；并且，艺术教育的目的逐渐不只是功利性的考级拿证，不只是掌握琴棋书画这些技能。

这从另一方面反映出，家庭教育认识的极端重要和实际推动力的无比强大。

● **心理健康教育**

健康的标准有两个：一是身体健康，二是心理阳光。在一个全体国民跑步前进、社会转轨日新月异的时代，信息爆炸，观念蹦极，思维跳跃，竞争挤压，阅尽人间无数、曾经沧海桑田的成年人都极易出现心理障碍，时常烦躁不安、纠结不已，何况懵懵懂懂、跌跌撞撞、正处于是非观美丑观形成时期的孩子！

国学大师季羡林曾说，和谐社会，不仅是人与人、人与物、人与社会的和谐，最根本的是人自身的和谐。就是说人自己要能接受自己，自身要能自我调节、自我调适，而这种调节、调适需要情感依托和人文环境。

在这个特定的“初级阶段”，我们的家长，或奔波于生活，或忙碌于事业，或沉溺于自己五彩缤纷、五光十色的世界……有多少人那么明察秋毫地、体贴入微地关注孩子的内心世界？

孩子的心灵，最需要的是父母的呵护；孩子的情感，最需要父母的关心。而家长，除了日复一日年复一年锲而不舍、矢志不渝地给压、增压、加压、打压之外，又给了孩子多少倾诉郁闷的机会、多少缓解压力的时间和空间呢？

是的，学校有心理老师。可是，再高明的心理老师也替代不了父母与孩子与生俱来的天然亲切、天生默契。有时候，一个温暖的拥抱，胜过许多干瘪的“道理”。有些话有些事，孩子会认为学校老师只是“外人”，而家长更能一把钥匙开一把锁，情之所至，事半功倍。

● 生命教育

生命教育是传统教育比较忽视而实际上特别重要的基础性教育。生命教育就是教孩子懂得生命的宝贵，生命的高贵，生命的分量，生命的价值，培养孩子敬畏生命，珍爱生命，享受生命的崇高与神圣。

现实中孩子对生命的认知让您匪夷所思：我看过两份小学生的遗书：一份告诉父母，现在活着太累，自己去天堂歇歇，等人间完美了再“穿越”回来；另一份则心疼爷爷奶奶生活艰辛，说有一天想死了就死在学校，这样就会有一笔赔款，算是对爷爷奶奶抚养之恩的报答——孩子的“懂事”，令人心如刀绞。

父母是生命之源，父母对生命的态度决定孩子对生命的感知。父母的悲观、冷漠，深深影响孩子，导致孩子过早告别孩童的天真纯洁。这一点最有说服力的是，家长对待孩子喜爱动物的引导。

总体来说，孩子和动物是相互的朋友，孩子对生命的认识从某种意义上讲是从动物开始的，孩子的爱心、同情心、恻隐之心，都可以从相处的动物那里萌芽、生长，然后“由感性认识上升到理性认识”，继而形成人生观、世界观的一部分。

让人忧虑的是，某些家长粗暴地扼杀孩子的天性，践踏孩子的宠物，导致一些孩子小小年纪就以“虐猫”、“虐狗”来取乐，甚至来“释放”情绪、发泄仇恨而没有得到家长及时的纠正。如此的冷血和残忍，在以后的人生旅程中必然害人害己，贻害无穷。

再者，一些家庭对待老人的做派也令人忧心忡忡。在一个家庭里，孩子是至高无上的“掌上明珠”，老人则是低眉顺眼呼来唤去的“夕阳西下”，似乎老人的生命、健康、尊严都无关紧要，甚至是整个家庭的累赘和负担。孩子无形之中也“领教”了对生命的麻木与漠然。

现在“空巢老人”寻短已屡见不鲜，而“留守孩子”自杀也非个别。这到底是残酷的巧合、还是宿命的仿效，是生命的廉价、还是教育的缺失呢?

- **生存生活能力教育**

不少人认为生存生活是人的本能，无所谓教育。其实，生存，生活，活着，学问大着呢！大家公认的大教育家陶行知先生就有一个著名的论断：“教育即生活。”可惜老先生的话因为太平凡、太普通、太简单而被许多“志存高远”的教育工作者和许多望子成龙的家长所忽视，所不以为然，不屑一顾。

我举一个反证的例子：20 世纪 90 年代孙云晓先生写过一篇有名的报告文学《冬令营的较量》，讲的是亲历中日小学生冬令营的事。作者把中日学生分为两组进行观察对比，发现了各自的一些特质，比如日本学生耐寒；自己的事自己做；病了不娇滴滴地哭鼻子，也不轻易吃药打针；自觉排队；肯帮助他人等等。中国学生呢？不少爸爸妈妈几乎又组建了一个“随从冬令营”，寸步不离，包办代替；学生带的最多的是零食补品；一个鸡蛋拿在手里左看右瞧不会剥壳的不是个别，等等。

作者由此而上升到国民性格、民族精神的高度来进行思考、讨论。

当然不宜过分解读这种现象，把孩子们的事弄得过于严肃、过于严重。但作者的担心也确实应该引起我们家长的重视。在华盛顿的一所小学，我问一个学生为什么学中文，他说我们长大了，竞争对手是中国人和印度人；印度人用英语，但没他的纯正，所以必须学中文。旁边一个黑乎乎的小子像个外交官一样补充道：“当然，我们还是合作伙伴。”

我说这些的意思是，孩子未来的竞争者、合作者都挺厉害，所以必须有强大的生存能力、生活能力。看美国孩子，总觉得他们强悍，总觉得他们有掌控欲甚至有进攻性，很少感受到那种被动防御、听天由命的无奈心态。

我当时反省自己是不是崇洋媚外，后来又研究了一些资料，从近几届美国总统颁布的“不让一个孩子掉队法”、“国家宝贝计划”、“卓越计划”等法案，再看看他们的对抗性训练、野外生存训练、探险夏令营冬令营等等，再后来又看了里根、希拉里的传记，多少找到了一些答案。

看来我们的生存生活能力的教育还必须置于更广阔的背景下来设计、来实施，不能仅仅局限于“青少年活动中心”、“中小学学生课外教育基地”。毕竟，这些还是“盆景园”，而非“大自然”。

孩子的生存生活能力，既要有强大的竞争力，又要有不同阶段的自我保护能力；小学生不一定要舍己救人，但一定要首先练就救人的本领：既要能自己安全健康地成长，又要能培养坚毅刚强、勇敢顽强。

而这些生存、生活教育的启蒙，都是孩子蹒跚学步时家长的“现身说法”；等到了孩子融入一个集体时，更多的恐怕是学习与同伴相处的能力了。

还有一个很重要的问题很少有专家注意到，那就是孩子的创新能力与生存生活教育的密切关联。由于不少人认为“教育就是读书”，孩子们获得知识大多来源于间接渠道，亲身体验获取的并不多，而许许多多的发明创造都来源于生活的体会。

缺乏具体的生活体验，就会缺乏具体感知触发的想象力；而缺乏想象力就一定缺乏创新力。

其实许多创新也就是生活方式、生活时尚的创新，乔布斯如此，马云也一样。并不是生活就一定“俗”，与读书这种“雅”格格不入。读书，创新，不就是为了生活更美好吗？

好了，孩子教育的主要途径和方法就是这些，情况就是这么个情况，现实就是这么个现实。很抱歉，我让您失望了：学校教育并非无所不能——要是那样，家长、局长真是太省心、太轻松了！

还有更抱歉的：下面的问题让您更不轻松：

在孩子成长的这些教育途径、教育方法中，哪些是学校能独立完成的呢？有多少是学校能主导主宰的呢？

学校能保证您孩子优良的品行吗？

学校能培养您孩子良好的习惯吗？

学校能激发您孩子学习的兴趣吗？

学校能锻炼您孩子坚定的意志吗？

学校能给您孩子持续的影响力吗？

学校能给您孩子长久的幸福感吗？

04

好像游刃有余令人肃然起敬的校长，为什么坦言压力山大不堪重负？

是啊，我现在似乎有点为学校“减负”而为家长加压了，其实学校、校长一点也不轻松：不堪重负、职业倦怠之类的词句在校内高频次使用。

有的家长只看到学校审查入学资格时的一言九鼎，只看到校长在家长会上的至高无上，羡慕学校节日假日雷打不动，工作环境四季如春，课堂上侃侃而谈，教室外清清爽爽，学生们毕恭毕敬，一年四季睡午觉啊，几个月寒暑假啊。

还有，还有家长“下有对策”明里暗里请客送礼、小恩小惠啊，等等。

光看表面呢，老师似乎比公务员还轻松、还风光，还经济实惠、还有吸引力。可人家老师说了：“我们只听说工资待遇老师比照公务员，没听说公务员比照老师。”“我只看到老师趋之若鹜报考公务员。您看到几个公务员报考老师呢？”

您说老师有“特权”吧。老师说，学校教育格局的形成，有其自身的特点和规律。为什么课得一节一节地上，而不是“板块式”地一段一段地上呢？这是依据孩子能集中注意力的时间所决定的啊，连轴转能有效率吗？

您说老师一年有几个月假期是吗？孩子不放假能走进社会吗？成天关在教室里不关出个四体不勤、五谷不分才怪呢。学生放假了老师还要总结啊，还要充电。“台上一分钟，台下十年功”，老师不是孙猴子，哪能一招接一招啊，他那点似乎上知天文、下通地理、正理讲得滴水不漏、歪理也能自圆其说的“功底”，可是“冰冻三尺非一日之寒”哪！

只有真正走进校园，您才知道，学校就是一个小社会，并不能一心一意在“象牙塔”里教您家孩子。就看看平常日子，学校在干些什么吧。

首当其冲的，校园安全。校长们在一起谈课改，谈教研，谈培养好老师、好学生，谈着谈着就谈到了校园安全；家长们谈孩子成绩、谈班级名次，谈着谈着就谈到了校园安全；心理教师最是焦虑：怎么好端端的孩子毫无征兆顷刻间就出事了呢？为什么农村的孩子也那么脆弱、城里的孩子也那么内向呢？

现在校园安全的头号杀手并非校园暴力，并非学生之间的打架斗殴，也并非其他物理性伤害，而是学生的心理健康问题。从某种程度上说，这个更难控制、也更难预测。

所以，学校必须在这上面绞尽脑汁。毕竟，有的放矢地做与漫无边际地做，真心实意地做与例行公事地做，付出的心血大不一样，收到的效果也大不一样。

在我们这个刚刚解决温饱的国家，关注心理健康还没有太长时间。虽然说我们多数老师都学过教育学、心理学，但真正视之为“主科”的并不多，加之语数外理化生政史地课程压力山大，所以学校得痛下决心、忍痛割爱，才能让心理健康教育有一席之地，堂而皇之地走上前台，能有足够的爱心、足够的耐心、足够的细心来呵护打理。

除了“漫灌”的心理健康课程之外，学校还花大量人力物力做“滴灌”——心理咨询和个别辅导。有些孩子必须要家长的全程配合与密切合作。所以我反复讲，家庭，才是孩子心灵依托的港湾。

既然我这本书主要给我们家长看，那我还要说，家长，包括父母，爷爷奶奶，外公外婆，带孩子确实十分不易，但一定要明白，您没有理由也没有能力压服孩子：如果太强调您的“权威”，如果太体现您的“威严”，如果您的孩子连犯错的机会、犯错的胆量、犯错的勇气都没有，那您就一定要帮孩子减压了。

“孩子犯错，上帝都会原谅。”如果您的孩子敢于展现真我，哪怕是有瑕疵的甚至调皮捣蛋、令人讨嫌的真我，那都远比装出来的“听话懂事”好一万倍！因为孩子心理容量远不够这么“装”。这种“装”堆积太多，不是极端释放，就可能是极端消亡。

校长的极端恐惧还在于，一旦学生出事，学校就会付出不可估量的代价。本来口碑不错的学校，顷刻间就会千夫所指、万人唾骂。“斯文”沦落至此，“先生”情何以堪！那时候，真是灰头土脸，灰心丧气，心惊肉跳，心力交瘁。

校园安全还会延伸范围和领域，校车安全，路途安全，与老师与社会之间的种种冲突等，都是高悬校长头顶的达摩克利斯之剑，没有相当的心理素质哪能担当如此重任！所以就出现了神经兮兮的校长，出现了班主任这个最末端的“官儿”上任时的慷慨悲歌，出现了火急火燎要别人进行心理疏导、心理干预的心理老师，诚可谓风声鹤唳，草木皆兵。

谁做校长都不敢小视的是协调社会关系。在一个社会资源靠权力支配的背景下，不会“平衡”这些关系的校长丢人丢自信，学校受牵连，老师看不起；会摆弄这些关系的呢，短期内还暗自庆幸，得意洋洋，以为自己游刃有余，时间一长也是黔驴技穷，一筹莫展。

学校最难受的是面对“老鼠钻风箱两头受气”的“规范办学行为”了。这个表达不怎么“大众化”，说白了就是要严格执行“不择校、不培优、不补课、不分快慢班、不加班加点、不……”的若干规定。

从理论上讲，都对，都应该；从学校来讲，都好，都轻松。但从实际来看，又与广大家长的意愿相矛盾，至少相当一部分家长不满意。

有道是，一人难调百人心。孩子的情况不一样，家长的选项自然不同。

现在普遍的价值观是，不是自己怎么样，而是比别人怎么样。攀比，成为当今社会较为普遍的心态：仰视别人的高大，感觉自己的卑微；艳羡别人的幸运，感叹自己的倒霉；比较别人的得意，愤然自己的失意；想象别人的快乐，放大自己的痛苦……比来比去，辗转反侧，在抱怨中蹉跎岁月，虚度年华；恶化人际关系，带来心理疾病。

平心而论，单就幸福感而言，单个看每个人，不知比过去强多少；但我就是跟别人比，要比别人幸福，那您说幸福感能上来吗？

孩子也是。本来自己的孩子已经很优秀了，但总不大可能语数外、理化生、政史地、情商智商、琴棋书画都是“会当凌绝顶，一览众山小”吧？

别人家孩子补课，我家孩子是绝对不能袖手旁观的，你补三科，我家好歹都要补四科。你有钱有权有势上得了贵族学校，咱这辈子难得赶上你的荣华富贵，砸锅卖铁，也一定不让孩子重蹈覆辙！

学校不组织补课，家长“公车上书”强烈呼吁：学校不补，为什么你们老师家里补哇？校长去责问老师：为什么家里有孩子补课哇？老师说，我亲戚的、同学的孩子，我家老婆帮忙带一下；孩子做作业，我点拨一下，犯了哪条王法啊？校长只能在心里骂一句粗话，然后悻悻离去。

不分快慢班当然好，免去许多麻烦，少死许多脑细胞，但学校要争荣誉、创特色啊，咱师资水平哪能那么班班齐齐刷刷呢？你萝卜搭白菜吧，没个看头；你萝卜加点肉丸子吧，又分不均匀。对外当然可以说咱学校老师人人优秀、班班师资平衡，可人家早就摸清行情啦：“既然每个班都一样嘛，我的孩子就到几几班算了。”

不加班加点最好啦，老师们欢呼雀跃、奔走相告，可校长那个愁啊，才下眉头，又上心头：“留守孩子、打工子弟可都住在学校啊，没人照看万一出个安全事故，那我的妈呀，我找谁去？”那还是要加点班啊，只是加班费又要挖空心思、想破脑袋。

这道理那道理，多少都有些小道理。情有可原也好，似是而非也好，学校都要直接面对吧？

理解学校的可不仅是这些，后勤服务也要理解：这些年学校都办成大社会了，吃喝拉撒睡，油盐酱醋茶，老师们既当牧师、导师，又做父母、保姆，都得一竿子到底，一揽子统筹。

还有，孩子们正是长身体的时候，食品要安全，营养要跟上，数量要充足，结构要合理；还要加强成本核算，开展节能降耗，优化采购管理，减少中间环节；学生寝室更不能含糊，用电安全重中之重，管制刀具随时清剿，防火防盗贯穿始终，室友矛盾及时化解……

现在该轮到教学教研了吧，这才是学校的主业！老师的“备教辅改”，学生的“学情”“心情”，周边的“秘籍密卷”，“上面”的视导评估，新颁布的教学大纲，最权威的考试指南……好好整合整合，好好融会贯通，力争探索一套新法，力争闯出一条新路，努力提高教学效率，合力打造高效课堂！这些耳熟能详的话语多半出于校长的开场白。

更重要的是，要保持和发展良好态势，调动和提升教师积极性、创造力，那我们学校就会兴旺发达、长盛不衰了！校长，您要挖掘领导才能，发挥主观能动性，吸取兄弟单位、兄弟学校的宝贵经验，结合我校的具体实际，取其精华，去其糟粕，为我所用，从善如流。

是啊，我们也该设身处地理解学校，理解老师。直言归直言，感叹归感叹；可他们还是在默默承担，而非转嫁负担。因为，学校教育并非无所不能。

05

学高为师、德高为范、师道尊严的老师，为什么感叹力不从心、职业倦怠？

上面讲的是学校的压力，学校的压力当然就是校长的压力。面对压力山大，校长多么需要能“传导”到老师那里啊！可校长心中有数：培养个“全科老师”都那么难得，可现实已经在呼唤“全能老师”了！

不错，我们赋予老师极高的荣耀、许多的光环：人类灵魂工程师，共和国未来的奠基人……是的，现在的老师，已经不仅仅只是老师。在我看来，老师，还有好多繁琐的义务兼职：

- 保姆

家长一大早把孩子送到校交给老师了，剩下的事，哪怕孩子鼻涕还挂在下巴，衣服扣子错了位，有老师管呢；孩子住校的，天热开电扇，天凉加被子，嘘寒问暖，一有头疼脑热，伤风感冒，马上带去看医生，只是医院别一定要“代家长签字”；孩子一会住校、一会住家的，老师要跟踪培养良好的饮食起居习惯，跟家长千叮咛万嘱咐，要不，好不容易培养出的好行为、好习惯，又功亏一篑、前功尽弃了。

低年级的，老师要给打饭盛菜，洗碗涮筷；高年级的，老师要唠叨不吃零食，天天领读“锄禾日当午，汗滴禾下土”。

不管哪个学段的学生做教室卫生、搞校园清洁大扫除，老师都要身先士卒、以身作则，要用自己的实际行动告诫学生：“一屋不扫何以扫天下！”

还有讳莫如深的安全担心。好不容易到了放学时间，老师先护送住家的孩子，家长接的交给家长，家长没接的交给校车司机，千万别忘了双方签字备查；像个陀螺转回教室里，住校的孩子们还在疯呢——他们等了一天，好不容易等到了“无政府主义”时刻！

我亲眼所见，寄宿学校的陪寝老师10：30准时检查学生就寝情况，逐个逐个摸脑袋点人数；值班一定睡在宿舍门口，既为学生遮风挡雨，更是做好“守门将军”。

● **警察**

老师当警察？别逗！哪又不是呢？校园安全天大的事，早已深入人心，班主任是第一责任人，科任老师是主要责任人！不管第一还是主要，其实都挺重要，最重要的是要忠于职守，恪尽职守，不出半点纰漏！

所以，老师要眼观六路、耳听八方，要时刻警惕、警钟长鸣，要见微知著、防患未然，要当机立断、果断处置！还要讲点“领导艺术”：培养几个“心育委员”或者“安全监督员”，主要负责监督报告学生“八小时之外”的所言所行。您说这不是警察放“线人”吗？

对了，那个五大三粗的李四公开对抗老师批评，虽然现在这种情形并不罕见。万一他哪天当众“袭警”，我又能怎么办？家长早就说了：这孩子从小就有暴力倾向。

“正当防卫”放在别人身上是一个单纯的法律问题，放到老师身上就是个复杂的社会问题。社会舆论选边站队，大多在“弱势群体”一边，听都没听明白，看都没看清楚，就往人堆里扎：“孩子嘛，本来是送到学校教化的，孩子十全十美还到你学校干嘛？没有教不好的学生，只有不会教的老师！”

您看舆论导向多明确啊，看来老师还要跟着警察叔叔好好学习，努力成为“谈判专家”、“防爆专家”、“舆情引导专家”。

● 法官

断案，是法官的主责吧？老师几乎天天做这工作呢。学生与学生之间千奇百怪的纠葛，虽然大多是小事，但弄不好也说不准会酿成大事啊。有的事处理不当、后续工作没跟上，不排除学生出现过激行为！真不是吓唬你，类似事件早是旧闻。

还有，老师履职正当但“程序违法”，学生和家长依法维权也会让你吃不了兜着走！上次王五丢了平板电脑，怀疑是邻桌陈六偷了，老师来个群众工作，明察暗访，嫌疑最大的陈六居然绝不配合：“凭什么审查我？法治社会，疑罪从无！”老师无言以对。

这且不说，陈六回家跟他做律师的老爸一本奏上，人家律师把学校校长作为第二被告告上法庭，还要校长本人亲自到庭应诉！到现在校长还心有余悸呢。

还有家长把孩子往学校一丢就玩起“失踪”，老师还有责任、有义务依法为学生维权——公平正义要从学校做起！

● 医生

老师不仅要是医生，而且还要是全科医生；不仅要做生理医生，还要做心理医生。就说住校学生吧，突然来个拉肚子啊、红眼病啊，老师得懂得怎么治疗、怎么防；青春期的女孩子，得悄悄告诉她生理卫生知识；班上哪几个学生有既往病史，剧烈运动一定要保护好他们，还不能让其他人歧视啊。不是每个孩子都心怀感恩啊，谁指望孩子涌泉相报呢？他不愿学习，咱们“一个都不能少”，你得跟他“斗智斗勇”、“软硬兼施”，底线是不能殃及池鱼。

处理心理问题要细致入微，以心换心才能赢得信任，信任才能给你讲心里话啊。孩子们多敏感啊，你对他例行公事，他就对你“客礼相待”，越是客客气气，越是遥不可及。孩子可以回避你，你不能漠视孩子啊，家长可以“全托”于你，你能“退货”给家长吗？

好了，这些兼职就够老师忙乎了，这些业务就够老师修炼了；而且，客观现实和主观需要还在不断提出新标准、新要求，而老师毕竟没有三头六臂啊！在欲罢不能的疲于应付之中，教书育人的主业，能不受影响吗？

06

孩子是您家乃至整个家族的100%，在学校数千孩子中位置几何？

不错，现在的孩子都是家里的掌上明珠，这并不完全因为他们是独生子女；即便全面放开二胎乃至可生三胎四胎，孩子仍然是这么娇贵、这么珍贵——咱中国人的优良传统之一，就是心甘情愿地把自己一代未竟的远大理想、宏伟抱负、毕生追求、美好愿望，全都统统寄托于下一代来完成之、实现之、圆满之，至少要弥补之。

简言之，孩子就是全家乃至整个家族的“百分之百”。

但根据我的观察，恐怕只有天才级的孩子才可以赢得老师百分之百的关注。但天才永远是极少数，少到多少呢？我研究了五年，但我不会在这里告诉您准确的比例：一来我观察的样本每年只有一万多名学生，二来我没能找到科学数据，三来呢这个问题太敏感，用不着说个千分比、万分比来惹是生非，争得唾沫横飞。

这么说吧，这件事上，您就“低调”一点，您就相信，您孩子是天才的可能性比较小；绝大多数孩子就是“人才”——在我看来，凡是现在或者未来，能在某一方面愉悦自己、惠及他人、造福社会的就是人才。问题是，这么多人才级的孩子，情况可是千差万别——

您的孩子会样样优秀吗？不错，孩子都有其可爱之处、优秀之处，都是独一无二的生命个体。我们许多家长从孩子胎教之日，甚至就作好放弃自己发展、成全子女成才的心理准备。“不能输在起跑线上”的“起跑线”，从小学提前到幼儿园，提前到婴儿期，提前到自己尚未婚嫁时……好多人在谈情说爱的初级阶段，就开始研究对方祖宗三代的智商、情商，包括第一学历是否“985”、“211”。看来大公司招考员工看重第一学历，已经在全社会产生广泛而深刻的影响。

过去看家庭出身，现在看学历层次，总算略有进步——毕竟更能体现个人价值一些吧！

在一个竞争激烈的环境下，谁都希望抢占先机，主动作为，谁都愿意低调自己、麻痹他人，笨鸟先飞、出其不意。

但无论如何，尺有所短，寸有所长；春夏秋冬，景色各异；一粒种子破土而出的时候，也许歪歪扭扭、跌跌撞撞，可等花期一到，一夜之间姹紫嫣红；接受岁月洗礼，也许就是参天大树。

与生俱来也好，环境使然也罢，哪能每一个孩子都那么水灵灵、亮闪闪呢？

陈景润优秀吧？满腹经纶，身怀绝技，但课堂发言却张口结舌，语无伦次；钱锺书优秀吧？报考清华大学，数学考了15分，但人家钱锺书并不自卑——康白情、罗家伦、臧克家还是0分呢！

您的孩子会时时优秀吗？学校为什么要45分钟一堂课？老师为什么一堂课只讲1/3时间？全世界为什么都放寒暑假？别以为是学校老师偷懒耍滑，这是顺应教育教学规律，适应孩子身心特点。

孩子能集中注意力的时间是有限的，孩子能管控自己的时段是有限的，孩子能有效学习的周期也是有限的。就是成年人，您能连续聚精会神地聆听四个小时的报告吗？即便是好莱坞大片，您能连续观看两部以上而情趣盎然、乐此不疲吗？

所以，孩子在某堂课上玩点小玩意儿、做点小动作儿，并非大逆不道，用不着大惊小怪，这是孩子身心特点使然。

几乎所有的孩子都会有恶作剧心理。您小时候也一样啊！没有什么恶意，只是好玩；相当一部分孩子都会生出冒险的冲动，没有什么歹念，只是尝试；不少孩子都有报复心，不是蓄谋已久，只是“条件反射”。我们成年人坦诚回顾儿时岁月，或多或少还是有一些不好意思、不堪回首吧？不是本质多坏，只是少年意气而已。

我甚至设想，从小就没一点质疑意识，没一点叛逆勇气，没一点批判精神，那这孩子长大后也恐怕成不了什么大器。所以，我从不认同“顽劣孩子”、“双差学生”之说。

顽皮，是孩子的天性，是孩子的专利，也是孩子的可爱之处；孩子不顽皮而少年老成、暮气沉沉，那才令人忧虑呢。但是，作为某一单科老师或某一“夫子型”老师，那就未必认同我的观念，就可能得出一个这孩子“猴性十足，上蹿下跳”的“看法”，甚至会加油添醋地传导给其他老师。

您的孩子会一直优秀吗？由于全民族科学文化素质的提高，哲学上关于事物发展“山峦般蜿蜒波涛般起伏”一般规律的描述，相信家长朋友都耳熟能详：上升，是螺旋上升，不会腾空而起，一飞冲天；下降，是反复盘整，不会飞流直下，一泻千里；即便不上不下，也是来回振荡，不会平铺直叙，波澜不惊。

具体到孩子成长，总体是势不可挡的向上、向好，但也会不可避免地出现偶然性回调、阶段性反复，这很正常。只要不出现“系统性风险”、“断崖式下挫”，都用不着惊心动魄、惊慌失措。许多时候，回调有利于整固，反复有利于夯实。

但是，在孩子处于低潮时，家长、老师、学校能精准地注入动能、助推一把吗？您兴许还抱怨着孩子“走回头路、吃二遍苦”、“老太太过年、一年不如一年”呢。

所以，您的孩子多半只是人才级孩子，顶多是人才级中的“优秀人才”，他不可能样样优秀、时时优秀、一直优秀；老师呢，他和您一样，看演出时关注的是舞台的第一排特别是众星捧月的那一个；听音乐会关注的是那个长发汹涌、衣袂飘飘的指挥，是那个气质若兰暗香浮动的第一小提琴手。

老师总是会关注那个显眼的“亮点”，他的精力、能力、注意力，恐怕都只能重点关注那个优秀的少数，那个关键的少数，而且，还是不断变化着的“少数”。

也许若干年后，持之以恒、真心实意爱戴、关心老师的，并不是当年宠爱有加的“优生”，而是在校时视而不见的“差生”。种瓜得豆啊——老师在七十寿宴上感慨不已：对于“优秀”的认识，原来带有相当的主观性！有时不过是兴之所至，有时也许是爱屋及乌。

但家长要面对的事实是，即便是最优秀的老师，也不可能把每个学生都教得出类拔萃——严格讲，这句话本身就不合逻辑：没有“鸡群”哪能“鹤立”——只是您希望自己的孩子不是“鸡”而是“鹤”罢了！没有花朵的次第开放，就没有争奇斗艳之说。

孔夫子伟大吧？中华民族的“万世师表”，文明古国教育的奠基人、祖师爷，他老人家的“教育质量”如何呢？“弟子三千，贤人七十二”——“优秀率”4. 2%！比我们好多高中学校的“重点率”低多了！

所以，孩子定然是您家里的老大，是全家乃至整个家族的100%，可在学校能是100%吗？再怎么着又能算老几呢？

07

老师是人类灵魂的工程师，但终究也只是太阳底下一个职业，应该怎样看待老师？

在现阶段，职业选择还达不到“劳动是自身的需要，社会的全部目的是人自身自由而全面的发展”的背景下，人们的职业选择多半还首先是出于生存生活的需要——老师也不例外。说得直白一点，老师，也只是一个职业而已。

几年前我在美国加州大学北岭分校教育学院学习过一阵子，该院有个中国教育研究中心，主任是中国教育部前官员——我们称之为“美国大学里的中国老太太”。

因为是同胞、同仁，也因为中国许多同行在那里进修或做访问学者，所以，我们的交流不仅亲切友好，而且广泛深入。老太太几乎是知无不言、言无不尽。

探讨最多的，当然还是中美教育的利弊得失、优劣短长。

论基础知识基本功，我们的学生鹤立鸡群，我们昂首挺胸；论发明创造创新力，我们的学生“大智若愚”，我们也就要谦虚谨慎了。究其原因，老太太还是不客气地认为师资水平是关键。

她比较了这样几个方面：

- **一是教师的“进口”**

美国的大学教育不设师范专业，所有未来的教师都要接受完普通大学教育。到毕业前夕，已经成年的大学生们，根据自己的兴趣、爱好、特长，来做职业规划，自我确认对教师这个职业是发自内心的热爱，综合评估自己真是当教师的“材料”，那么，报考教育学院吧。

此后经过几年的专业训练，能同时获得教育学硕士学位、教师资格证书的才能到学校应聘。并且，教育学院录取率、学校应聘成功率大多不高，经济萧条时期甚至不足一半。

这样，能有最优秀的乃至顶级人才进入教师队伍，教师的整体知识结构和个体学术修养会得到优化；最重要的是，个人职业愿望与从业岗位、个人价值与社会需要达到了高度一致和协同。

- 二是教师的“加工”

每年的系统培训给老师们的感受是“重返大学时代”，因为美国的大学时代压力最大。并且，培训是几年一个轮回且是连片工作时间，不仅仅是利用寒暑假，是完整的知识更新、能力再造。我亲眼所见，那些培训的老师，可谓5+2、白+黑。说凿壁偷光、悬梁刺股也不过分。

因为，培训结束时的资格证年检，绝无“枪手”出场和“高科技手段”应用；因为，信用重于生命，信用就是职业，更何况是育人的职业。这样，教师事实上一直与时俱进地接受最前沿专业培训，接受最严格的执业资格考核。

- 三是教师的“出口”

美国学校除小学低年级外，大都实行走班教学。老师在“自己”的固定教室里，分“模块”教学，比如解析几何、力学原理、世界地理；学校同时有杰克逊老师、史密斯老师、路易斯老师等在授课；学生呢，根据自己对老师的认同与喜好，来选择教室听课。如果有一天史密斯老师的教室里“昔人已乘黄鹤去”，那再冷傲的史老师就只能耸耸双肩，非常遗憾地面对

“此地空余黄鹤楼”。

这样自然形成优胜劣汰机制。能者留，庸者走，用不着校长耐心但不舒心地做思想工作了。并且，在一校没法混，就别想到别校“再就业”。您说老师能不爱岗敬业、“不让一个孩子掉队”吗？

现在回过头来看我们的现状：我们最优秀乃至顶级人才在做老师吗？我们的老师是完全心甘情愿地自我选择这个职业的吗？如有别的选择，有多少人会忠贞不渝、矢志不移呢？我们的老师是否发自肺腑地钟爱这个岗位、献身这个事业呢？

还有，我们有多少学生因为不喜欢某个科任老师进而一生讨厌这个学科，这个老师会因此而转岗下课、另谋高就吗？

那么，老师们对自己的职业认同感又如何呢？

我在一个老师的朋友圈读到一条转得异常火爆的微信，标题就叫《我不是什么圣人，我只是一个老师》。不少老师并不认同甚至抵制“蜡烛”、“春蚕”、“人梯”等大家耳熟能详的“外加的溢美之词”。

老师的客观现状如此，自我认知如此，我们家长还硬是要苛求：苛求老师是道德上的圣人，知识上的完人，能力上的超人，生活上的僧人，工作上的狂人，以及我们学生及其家长感情上的亲人……您说，这有多大可能呢？

当我们把视野打开一些之后，当我们做了一番新的比较审视之后，您现在就应该明白，对于您孩子的教育，学校、老师，都不是万能的；都已承载、承受到了相当程度。

作为家长，您要做的，不是一厢情愿，不是“甩手承包”；不是吹毛求疵，不是求全责备。而应该是真心诚意的尊重，将心比心的包容；平心静气的沟通，惺惺相惜的分担。

还有，也是最重要的，就是做好我们自己，一定不能给老师传递“负能量”：如果您是一个医生，您就待病人好点，别只想着多开检查多开药；如果您是一个警察，您就好好地保一方平安，别老是居高临下唾沫四溅；如果您是一个法官，您就守好社会公平正义最后一道防线，别再吃了原告吃被告；如果您是一个公务员，您就为平民百姓办点实事，别习惯于先私后公优亲厚友；如果您是个公汽司机，您就注意照顾下老人孩子，别把车开得跟您的脾气一样的暴躁。

因为，您服务的对象，或许就是您孩子的老师。老师也是凡人、常人，不是“大肚能容天下难容之事”的菩萨。您给了他不愉快，他或许就会把这不良情绪、把这给他的“负能量”，毫无保留地传导给您的孩子，传递给全班、全校的孩子……

B篇

家 庭 教 育

我这么不惜笔墨地讲述学校、老师的状况，实在无意贬低学校、老师的作用。我深信，学校、老师丝毫不会放弃自己神圣的职责；我只是想让家长对负重前行的学校、老师，有一个设身处地的理解，有一个客观真实的认识。

这个客观真实就是，学校、老师，家庭、家长，各有千秋，只能优势互补、相得益彰，不可相互替代，不可相互推诿。

家长和孩子是一同成长的两棵树：大树为小树遮风挡雨，也要为小树留下伸展的空间，让小树有更多的阳光直射，有更多的自由呼吸。小树太靠近大树、太依赖大树，就直不起身板，展不开枝叶；离大树太远，太早地孤军奋战，就经不起风剥雨蚀，就容易扭曲变形，甚至半途而废。

08

在“家长群”里的激扬文字，您关于教育那些茶余饭后的“指点江山”能有多少真知灼见？

如上所述，只要一旦成为学生家长，您一定对学校、对老师有许多的讨论和分析。亲朋好友之间，邻里街坊之间，家长 QQ 群里，微信朋友圈内，都有您闪耀着教育思想光芒的词句，都有您放射教育智慧火花的篇章。别误会，我真不是插科打诨，您也别不好意思。

还有，您两口子无论是如胶似漆，还是若即若离，是情深似海，还是貌合神离，是笃信执子之手与子偕老，还是打算无论咋搞熬过高考……孩子，都是您和另一位最无争议的“共同语言”。

- **您是因为深爱自己的孩子继而关注教育**

或许您也有这样的体会：对一门科学、一门艺术的关注、钟爱、追求、痴迷，可能就是发端于对某个大师的喜爱。虽然大师根本就没在意。但对于崇拜者来说，那简直是他的全部世界、全部生命，他会为了得到大师哪怕一次接见而献出一切、奋斗一生。同理，对自己的最爱——孩子，引申到对孩子教育的关注、兴趣，在感情上就更是无与伦比了。

人们常说，兴趣是最好的老师，殊不知心灵深处的爱才是最伟大的老师；人们常说爱就是教育，殊不知真正发自内心的爱并不是挂在嘴上说与人听，那是一种心尖上最柔软、最敏感、最有力量能融化一切的专注和忠诚。如果说老师的爱是学生学业生根发芽的一方沃土，大音希声，大爱无疆，那么，家长的爱则是孩子人格舒枝展叶的微风细雨，润物无声，大爱无痕。

教育不是娇生惯养的迁就，更不是儿女情长的放任，是以爱为基础、为基石的提升、完美的过程。没有爱，教育只是无效的折腾。

因为，教育，是心与心的传导，是爱与爱的共振，是一朵云推动另一朵云，是一棵树摇动另一棵树，是一种人格激活另一种人格，是一个灵魂唤醒另一个灵魂。

- 您的“实证分析”有一叶知秋之功效

您不是从某本教科书、某个名人语录里的概念、结论出发，来削足适履，用孩子佐证或者制作孩子；而是以自己孩子和身边孩子为样本，来进行“实证分析”，来全方位观察、动态性研究，从而获得基本判断和一般结论。

有了自己的切身体验与独特感悟，再去研究、去适应一般规律，才真正会事半功倍，特别对一些没有受过系统的教育学、心理学训练的年轻父母而言。我认为这种方法或许更有针对性，更包容个性，更符合教育规律，更适用于一个个活蹦乱跳的鲜活生命，更适合于一个个奥妙无穷的神奇大脑。

一次，我与一个大街上随处可见的普通家长聊孩子教育。他讲了一个他对孩子细致观察后，由迷惑不解到恍然大悟的过程：一次他带他五六岁的孩子逛文化节，广场上如诗如画，也人山人海。城市不大，所以熟人不少。看展出、听介绍过程中，打招呼应接不暇。熟人见了孩子，也不忘天庭饱满地额方圆聪慧灵秀必有出息夸奖夸奖。刚开始孩子满是兴奋，可夸奖越多孩子越不争气，一放地下就哭。

做爸爸的心想，这兔崽子这么大了还这么娇气，今天就是要锻炼锻炼你！再放到地上，还是大哭不已，并且一时半刻没有丝毫消停的迹象。实在没辙，只有屈尊蹲下，准备再恩威并用，制服小子。

当他蹲下静止不动、以孩子的视角环顾四周的时候，目之所及，全是大人们灰不溜秋、千篇一律的腿脚蠕动，并且粗暴蛮横地在眼前晃悠、在头上碰撞！那一刻，他抱起了孩子，轻轻擦去孩子的泪花：“我们大人总是以自己的视角、自己的判断，来推断孩子的世界，殊不知我们好多时候都错怪了孩子！”

“请蹲下来和孩子说话！”后来他凡是与家长交流孩子教育，都拿这个例子来反思成人的思维定势和评价标准，并以此修正自己的教育方式和教育方法。这位家长说，设身处地，换位思考，学校、老师能有精力、有耐心这么做吗？

学校、老师之所以有时候教育效果不能令人满意，与一人照看过多的孩子密切相关：“我们家长三四个人看一个，老师一个人看五六十个。您说看得过来吗？恐怕只能‘漫灌’，难以‘滴灌’了。”

• 您以欣赏的目光看孩子，您这个学校教育的“旁观者”或许更“清”

不仅是带有感情因素的缘故，您一般不会埋没孩子的优良品质和优秀特质；在十分细致的观察和十分细微的比较之中，您会发现孩子特有的天赋和潜力。

也许您同样因为感情的因素，难以发现孩子负面的元素。这个呢，既有积极意义，也有消极因素：积极方面，是您会在欣赏激励中让孩子无拘无束地自由生长；消极方面，是好多家长到了“成熟期”还停步在“孩子是自己的强”的“初级阶段”。如若这样，则是另外一回事，那就确实需要反思了。

遗憾的是，不少学校的教育，不是以欣赏的眼光看孩子，而是从纠正学生的不良行为、改正学生不良习惯的角度来实施教育。就是说，是立足于发现学生的负面言行，通过批评、指责、惩戒、限制，来实现教育目的。显而易见，在这样的教育过程中，教育者有了几乎至高无上的权威；可怜那些教育的真正主角——学生，被压得低眉顺眼，俯首帖耳，被动而压抑，哪里还有生活的舒张感、学习的快乐感呢？

记得一个新西兰人、一个美国人合著的专门告诉我们怎么学习的《学习的革命》里说：“孩子生活在鼓励之中，他就学会了自信；孩子生活在认可之中，他就学会了自爱。”反之亦然。

可以想象，多少年来，我们习以为常、一以贯之的矫正式、批评式教育，不知扼杀了多少宝贵的自信、自爱、自立、自强！

当然，世上没有万全之策，教育方法更是如此。中国传统教育理念精华就有“因材施教”之说。不同的对象，不同的年龄，同一对象的不同阶段，教育方式方法，都需要有所不同。

● 您所在的有形的“家长群”和无形家长群里的教育思想，整合起来就是一套“教育丛书”

我曾在一个有形“群”里游历数月，也在不少无形“群”里感受多时。总体感觉家长们真诚、坦率、谦和、包容，对学校对老师，主旋律还是恭敬、感激的，还有不少的设身处地换位思考。即便是批评帮助，也大多心怀善意，满怀希望；偶有犹抱琵琶，点到为止，攻其一点，不及其余。

比如说，学校的单向教育即简单的我说你听、我打你通、我教你学、我禁你止等类似的问题，说到最深处也就是“老师是不是太把自己当回事了，其实尊严和权威不是自封的”等等。我倒认为，这些包括大多数的“评语”，都不偏不倚，恰如其分。只是老师平时一直以“教育人的”自居，听得少了或者因为不太愿意听，就屏蔽、过滤掉了而已。诚所谓围墙内司空见惯，围墙外一针见血。

其实，孩子教育您最有发言权，只要您真正用情、用心——情到深处，金石为开。现在回想一下，您那些"教育点评"不乏真知灼见，不少后来被事实所印证，只是您在不经意中没能持之以恒。现在回想起来，多少有点遗憾吧？

09

孩子只对老师服服帖帖而对家长习惯性逆反，您的困惑是必然而普遍的吗？

您也许会问：既然我们家长有这么多宝贵特长，有这么多可贵优势，有着还算科学的方式方法，那为什么孩子就是不听我的话呢？

许多家长都这么说。说的人多了，大家也懒得思考了；懒得思考了，很容易稀里糊涂成了“共识”。

有的家长甚至以此来找个借口寻求解脱：“说多少反正孩子总是不听，干脆全交给学校算了。”

为什么那么多家长都认为孩子不够听话呢？根据我的观察研究，大致有这么四方面的原因：

第一，您要求太高，总希望孩子来者不拒，照单全收。这个确实有点强人所难了。教育与其他信息传递最大的不同是，教育者要求受教育者现在深信不疑，以后还奉为金科玉律；要求受教育者照此办理，付诸实践。不像大数据里的其他信息，可以共享资源，但也可以质疑、过滤、淘汰、选择。

但教育学告诉我们，教育有着特定的对象。这个对象会用自己的头脑分析比较，认同才会接受进而吸收，即便这世上确有绝对真理存在，受教育者也不可能做到“理解的要执行，不理解的也要执行”。

第二，指令传递本身的信号衰减。信息也好，指令也罢，在传递过程中必定产生递减效应。这一物理现象同样适用于教育。哪怕是您拍案叫绝的东西，再传递出去都会降低冲击力，何况每个人接收信息时，与其认识能力、知识水平相衔接过程中又有流失。

您别老是埋怨说“我跟你说了多少遍了，怎么听不进去啊？”您就回头看看自己吧——领导讲话为什么越来越长？为什么重音停顿重复啰唆越来越多？谁不知道，话讲长了，台下都玩手机、打瞌睡去了呢？平心而论，领导那么言之有物、言之有理，您又听进去多少、照办了多少？领导的重要讲话尚且如此，您又何必为您的教导部分不到位而耿耿于怀、闷闷不乐呢？

第三，孩子在您面前是本色真实的表现，不像您在领导面前里装得俯首帖耳，实则口是心非。不知您发现没有，在我们现实生活中，越是休戚与共情同手足的至爱亲朋之间，越是挑剔越是直截了当；而对其他人则容易谅解。甚至越生分越能包容原谅，表现得客客气气温文尔雅。

事实上太随意太亲密无间一旦产生隔阂就可能是伤害——因为特别亲密所以十分敏感，往往心灵伤害总是发生在亲人之间。这恐怕就是人性的弱点之一吧。

第四，每个人成长过程中都会出现“叛逆期”。在这个周期都会烦躁、抵触、自我、排他，就像大人们的“更年期”一样。在这个特殊阶段，家长一要理解，二要关怀，三呢也要适当管控，避免不良情绪无限放大，导致周期拉长甚至出现反复。过度的逆来顺受或者粗暴的针锋相对都不可取，毕竟孩子自己正处在走向成熟的痛苦嬗变之中。

明白了这几个原因，接下来我们就讨论为什么要接受不怎么听话的孩子。不仅要接受，还要理解，还要喜欢。据我的研究，不少家长与孩子交流极大值是90多度了。还差哪一点点火候呢？

不着边际。您确定的目标过于笼统，总而言之，是要梦圆今朝、出人头地；统而言之，是要比别人家孩子强、为大人争口气。孩子也想样样优秀哇，可孩子的小伙伴也这样想啊，还有他们的父母。

有一段父子间的对话颇耐人寻味：父亲对孩子说，林肯像你这么大的时候，都为大人打理农场了，多懂事！孩子回应父亲说，林肯像你这么大的时候，正做着总统呢，多威风！

不切实际。您望子成龙，迫不及待，急功近利，饥不择食：看到谁家孩子奥赛拿奖了，就要孩子努力搞奥赛、走捷径；看到谁家孩子科科全优，又想孩子走大道；看到谁家孩子能言善辩，面试占了便宜，也带孩子取经；看到谁家孩子出版诗集，就想我家孩子也要举办画展。

其实，每个孩子都是独特的生命个体，都有开花结果的时候，只不过花季不同，每个孩子也都有先天后天的差异。照抄照搬，只会食而不化；东施效颦，只会适得其反。

不中要害。您好不容易逮个训话机会，陈谷子烂芝麻噼里啪啦一大箩筐。“信息量”超大，可既无重点又无条理。您本想遍地撒种广种薄收，孩子却一头雾水、一脸茫然。您花好大工夫悟出的一点人生真谛，十分遗憾地淹没稀释在茫茫海量信息之中。到后来遇到什么事，您再说“我早就跟你说过”，孩子还是觉得您“事后诸葛亮”，不能领略您先见之明的战略眼光。

不尽一致。就是您两口子对同一事项见识各异，争论不休，公说公有理，婆说婆有理，孩子干脆都不理：都是盲人摸象，只见树木不见森林的片面之词。我不是说家里不可以讨论、商榷，是要让孩子作为平等的一员参与，才是最好的氛围；不是像一些家长，对孩子训斥起来轮番轰炸、狂轰滥炸，但是谁都难以自圆其说、一以贯之，甚至自相矛盾、相互冲突。孩子一看，哦，你们也不过如此这般，凭什么老在我面前，摆一副精神领袖“百事通”的样子呢？

不通大道。就是您在家里“开小灶”和在外面“开大会”判若两人，屋子里的小道理永远有别于广场上的大道理。孩子感觉，家里是“面授机宜”，外面是装点门面。您过于“内外有别”、反差太大的“言传身教”，倒容易示范孩子耍小聪明、玩小心眼，但绝对修炼不出堂堂正正、光明磊落的大家风范。

不具内涵。就是您所思所想，总是停留在成人世界的柴米油盐、家长里短层面，或者津津乐道于道听途说、街谈巷议之中。或许我这个年龄的人看来这并不俗气，但我们青春年少时也厌恶这些啊——人变得俗气大多从结婚开始——孩子对这些毫无兴趣，觉得是消耗能量、浪费生命，听听都无聊之至，哪还能从中获取什么精神营养、知识财富？

不善互动。您总是放不下长辈教育者的架子，私塾先生似的“应该这样、不能那样”，“只能如此、不能那般”，告诫孩子唯一的答案和结论。孩子好像天生就只有接受、照办的权利。

但现在的孩子，在互联网上看到的是当今顶级权威的观点，在电视上看到的是全球最新研究成果，本身已具备与您“商榷商榷”的基础；而您呢，又未必精心“备课”——跟自家孩子讲还用如此吗——加之又不谦虚谨慎、礼贤下士，总是喋喋不休地单向传输，孩子几乎没有表达的机会，就可能觉得您所有的知识见识都不过如此而已，自然不会恭恭敬敬地听、老老实实地学啦。

所以与孩子谈话对好多家长而言，着力点应该是倾听、是交流、是互动。您听学术报告会时，是欣赏前面的照本宣科还是压轴时分的互动分享呢？

不讲方法。您认为我灌输孩子、教导孩子乃天经地义，用不着选择环境气氛，在意天时地利。人前教子以显摆家长威风，结果无功而返，收效甚微，乃至背道而驰，不欢而散。

您只需设身处地：同是批评，有的领导让您保留尊严却口服心服，有的领导让您无地自容而心生怨恨；同是表扬，有的领导让您如沐春风、感奋不已，有的领导让您总感觉虚情假意、逢场作戏——从某种程度上讲，褒贬的作用不仅在于内容，也在于形式。也就是表达时的态度。

不够耐心。您总是希望孩子一教就会，一点就通，希望立竿见影，马到成功，缺乏坚忍不拔、持之以恒的心理准备，遇到循环反复就心浮气躁、心灰意冷。

重要的话讲三遍。教育是慢工出细活的事，太在乎结果反而欲速则不达；教育需要等待——广义的等待、狭义的等待，都需要。

有一个传播很广的案例值得我们深思：一个年轻妈妈，平时经常给孩子讲孔融让梨、黄香暖席的故事，这一天想检验一下教育成果，说妈妈今天和你一人吃一个苹果。说着把两个苹果递给孩子，等待孩子把那个大一点的给她。可孩子接过苹果后，看都没看她一眼，就一口咬下那个大苹果。

正当她十分失望，正要训斥孩子自私贪婪的时候，孩子说："妈妈，您吃这个，我尝过了，不酸。"妈妈的眼泪刷地流了下来。

现在很多家庭的状况是，本应该倾听孩子，但家长并不在意，而强求孩子什么都听家长的。从"对等"的原则讲都通不过嘛！孩子有自己的独立思考和独特见解，非常难能可贵，非常值得珍惜和弘扬。

对孩子而言，独立思考比"听话"强之万倍！不仅家长，谁的话都不要全听、太听。

孩子全听，就只会重复前人。

孩子太听，就肯定少有出息。

10

富有或者贫穷，究竟哪一种家庭才是孩子不可替代的优质教育资源？

如今的贫富，自然不能与吾辈乃至上溯到祖祖辈辈的状况同日而语。即便在社会最底层，也许会居无定所或者家徒四壁，但不会食不果腹或者衣不遮体；即便是小土豪，也远远地让当年那些富商巨贾望其项背、遥不可及，虽不是富可敌国，但足以让子子孙孙锦衣玉食、香车宝马。

对孩子教育而言，家庭贫富差异更多的体现在保障水平的高低，扶持能力的强弱，环境创造和观念引领力量的大小，以及价值观念、教育理念对孩子影响作用及效果的是非优劣、成败得失。

毕竟，教育不是唱唱高调装装高尚就可以完成的。教育需要真金白银的刚性支出，需要以物质条件为基础而创造的机会与环境。

下面，我们来看看家庭的富有与贫穷对孩子教育的影响吧。

富有家庭本身并不是优质教育资源，但可以选择优质教育资源。尽管这些年把教育均衡发展作为国家战略，一步一个脚印地推进，尽管“教育均衡县市”连年递增，但在一个幅员辽阔、地域差别巨大、人口众多且农村人口占比六七成的国家，在逐步推进城市化、全面建成小康社会的过程中，“均衡”永远只能是相对的。甚至在某个时期还可能是拉大加剧不均衡，特别是师资——因为最优秀的人才向城市、大城市聚集是加速度的趋势。

只有最优秀人才大量集聚到比较饱和的状态时，才有可能其中的一部分流向中小学教师队伍——大河有水小河满嘛。

而在所有教育资源中，教师最重要、最根本，最具核心竞争力。

所以，在某个时期乃至相当长的时期，优质教育资源还会继续向城市、大城市聚集。而对学生而言呢，选择优质教育资源，目前主要还是由家庭经济状况所决定。

先说城市。应该说，农民工能进军城市在城市安身立命的，自己或者前辈都付出了艰辛和努力；即便暂时栖身于此，也总有几把刷子。但坚守阵地比夺取阵地需要更有韧劲与耐心——后者更多的靠勇气、靠胆识，可以一鼓作气，前者则要靠坚忍不拔、百折不挠，很容易再而衰三而竭了：孩子上学，户籍是一大障碍，没有的只能上私立，私立就意味着高收费——又是“马太效应”——户籍都没有，还会有很多钱吗？

还有那些您永远弄不明白的东西——人家就是设计要您弄不明白的“硬件软件”、“充分必要”“充分且必要”。反正您是这个城市边缘的边缘。等刚刚有一点明白时，您已经磨得只要有学可上就千恩万谢了，还想这山望着那山高吗？

再看土著老市民的孩子吧。政策再好再不允许择校再严格执行“划片招生就近入学”，也不可能做到“起点的均衡”：您的经济状况几乎等于小区等级，小区等级又约等于学校等级。那么，贫穷家庭孩子能上的还是相对应的学校；要想“跨越式发展”、跳到优质学校去？可以啊，一些优质的私立学校确实不错，但是，那也是个拼爹拼娘、更是拼银子的地方。

再看农村。前已陈述，如今还在毫无生气的村落里的，已经少有与优质与现代与文明与进步密切相关的东西，当然教育资源也包含其中。我们不能说谁比谁娇贵，但将心比心，我们土生土长的农村人都不愿待或者待不下去的地方，人家“支教生”等“特岗计划生”，毕竟奋斗到大学毕业，要在农村小学生根、开花、结果，也似乎勉为其难。轮岗吧，怎么也是“临时工思维”。纵然地方政府真正树立了“再穷不能穷教育再苦不能苦孩子”的理念，盖了一流的校舍，配了一流的设备，没有一流的师资，也永远成不了一流的学校。

所以，您说农村学校要办得很优质，恐怕还得一个漫长的过程。有些条件稍好点的家庭，好不容易挪到镇上，也有一个“经济基础决定上层建筑”的问题。

我这里要特别提示的是，农村贫穷家庭对孩子陪伴的缺失——这是最可怕、最无可弥补的贫穷。这个贫穷远比经济状况的贫穷要对孩子快乐学习健康成长的影响大许多。

我接触过不少的“留守孩子”。据我的观察，“留守孩子”总体上对父母的关心保护有着超出寻常的渴望和期待，心灵深处十分依赖父母的呵护和陪伴，但一次一次的失望，一次一次的失落，又使他们非常不愿意触碰这个敏感的话题，有的已经是“情感禁区”。

久而久之，这种美好的情感，在一部分孩子身上异化为对父母的不满，对人情的冷漠，对他人的不信任、不相融，甚至对外界的抵触与排斥。这种心态，反映在他们处理人际关系的自卑自闭或者对他人的防范警惕，以及过分强烈的自我保护意识和极易触发的暴力倾向。好多纯真的孩子，变得多疑多愁，变得难以靠近，难以亲近，以致难以沟通，更难以敞开心胸，很难与人相处合作共事。

这是以后孩子人生发展的一大隐患，也是以后家庭生活中难有天伦之乐的一大隐患，更是和谐社会微观层面的一大隐患。

所以我由衷地告诉打工家长您：为了未来，您必须尽可能不离开或者少离开孩子。要懂得，精神陪伴胜过所有心理疏导，对您自已、对孩子都是如此。或许，您现在多挣的这些钞票，以后还不够看心理医生的费用。

看到这里，您又触摸到现实彻骨的寒意和冷酷：富有呢，虽然本身并非优质教育资源，但它可以选择优质教育资源；贫穷呢，本身当然也不是什么优质教育资源，糟糕的是，它连选择优质教育资源的可能都微乎其微。

现在的问题是，富有也好，贫穷也罢，孩子早已无法选择；但却都是不可替代的教育资源！

那么我们再来一回面对现实吧：根据各自情况，来应用好现有的资源。应用得好，贫穷可能成为财富；应用得不好，财富则一定成为包袱。

单就孩子教育而言，我们不把贫穷富有贴上衡量是非、评判善恶的标签，只是看它多数情况下的优劣和长短。在传统教育理念中，似乎贫穷更有利于孩子穷则思变、发奋图强。许多励志故事都如出一辙或者大同小异：贫穷磨砺斗志，艰难造就坚强；“宝剑锋从磨砺出，梅花香自苦寒来”；“自古英雄多磨难，从来纨绔无好男”；“家贫出孝子，寒门出学子”。

现在这个原理仍然在影响着人们，但已出现一些值得研究的现象：穷家孩子长大后，对财富似乎占有欲更强，自律性更差，抗诱惑力、抗打击力也更弱，似乎更加贪婪的同时也更加吝啬。在职场更工于心计，还比较鸡肠鼠肚，嫉贤妒能，不太受同仁欢迎和喜爱；职场发展也是小聪明，“眉头一皱，计上心来”，而时代所需要的大智慧，千呼万唤出不来，犹抱琵琶半遮面，所以终究难成大业，难成大器。

这种状况可以理解为，从小贫穷的经历，让人对贫穷产生恐惧，因其切肤之痛，从而奋不顾身、不惜一切地“脱离苦海”。这种“立志”以获得一一对应的回报，作为改变命运的动力，因此是建立在沙堆瓦砾之上。一旦能够获取回报之时，便是亟不可耐、贪得无厌——说到底，还是“争一口穷气”胜过立一个大志，还是“穷气”有余，“底气”不足。

在我看来，贫穷作为教育资源，就是培养孩子挑战命运、战胜磨难、忍辱负重、吃苦耐劳的可贵品德，激励孩子不依赖任何外部力量而靠信念支撑、靠比别人付出更多努力，来创造自己的价值。卧薪尝胆，自强不息，以草根的柔韧顽强，达到人生的高度。同时，珍惜自己对普通百姓天然的感情以及亲身感受，来确立自己的人生理想，具有更多的社会担当。

“穷，绝不能失志。”以宏大的志向作为人生首要的品质支点，以博大的胸怀涵养大家风范的意志根基。

富有呢，在教育孩子这个问题上本身的负效应也许更是与生俱来。富有嘛，想要的东西唾手可得，现成的安稳坐享其成，祖传的财富不劳而获，优越的环境不思进取。加上做父母的，总是心疼、袒护孩子，总觉得自己这代含辛茹苦、当牛做马，就是为了孩子这代相对轻松一点、宽裕一点、贵气一点，当然也希望家业长盛不衰、孩子光宗耀祖，所以对孩子的教育总处在矛盾纠结之中；再加之富家子女出门办事总被高看一眼，前后左右的趋炎附势、吹牛拍马，让一时尚无定力的孩子觉得，自己天生就是富贵命，天生就比人高明，很容易飘飘然、昏昏然，自我感觉良好，对旁人不屑一顾。

于是乎，恃财傲物、目空一切、胆大妄为、胡作非为等纷至沓来，甚至出现了伤天害理、草菅人命的“富二代”；于是乎，古人总结的“富不过三代”甚至还在加速为“秦朝的江山”——一代极盛，二代即衰。

处于社会底层、本来就“愤青”的多数年轻奋斗者们，自然而然地抵触、排斥这些“富二代”，继而演化为社会比较普遍的“仇富”心态，造成社会阶层的分化和敌视。遇上偶发事件，就可能加剧冲突，甚至诱发社会问题。

您所关心的是富有家庭孩子教育的趋利避害？这里先给出一个结论：富家子女的教育，要紧的是“富，决不能癫狂”。

我们经常遇到的一些“土豪”，其实大可不必那么张牙舞爪、尘土飞扬。他们不明白“德不配位”的风险和危机。所以有远见的企业家，都会严格要求子女独立创办公司，或者从普通员工做起。

国外很多富贵之家的孩子，很早就搬出豪门，独立打拼，或者送到军营，经历烽火硝烟、出生入死的考验、洗礼、净化、升华。这就很值得我们效仿。英国王子都上前线与普通人家的子女在同一个战壕并肩作战、生死相依！要论富与贵，这世上还有谁能与之媲美吗？

不过取下有色眼镜来看，富有家庭的确对孩子教育有着不可比拟的优势。

● 眼光和胸怀

富有家庭的孩子不为物质生活所累，不为日常开销发愁，不会计较蝇头小利，纠结患得患失。在普通家庭孩子为占点小便宜而暗自庆幸的时候，人家则可能在研究自己的特长、强项，设计未来适合自己个性发展的学习培训计划；在普通家庭孩子生活学习自顾不暇与同学斤斤计较的时候，人家则正在与大师侃侃而谈，年轻人成长中的困惑迎刃而解；普通家庭孩子正在为昨日的贷款还钱，人家已经在为明天、后天的预期奠基。

● 自信心

从小衣食无忧，就不会看别人脸色，不会品尝世态炎凉，不会因生活所迫而委曲求全、曲意逢迎，不会在别人同情、怜悯目光下为五斗米折腰；如果给点别人什么，那更是良好的心理状态。“送人玫瑰，手留余香”，无形之中内心的自信、尊贵唤醒，成为一种稳定的自我感觉，对世界对他人有一种征服、支配的心态。由于家庭的原因，富家孩子社会交往的层次要高、水面要宽；锻炼的机会多，所以见识就广。所谓“世事洞明皆学问，人情练达即文章”。

● 思维方式

普通家庭孩子思考问题瞻前顾后、谨小慎微，往往愁肠百结于一池一地之得失；多有雕虫小技，鲜有气势恢宏之手笔；总是难有开阔视野和长远眼光，因为最现实的问题是先解燃眉之急，因为囊中羞涩、捉襟见肘，输不起，赔不起。

而富家孩子没有那么多鸡毛蒜皮、鸡零狗碎，考虑问题相对容易挣脱束缚、冲破樊篱，甚至别出心裁、异想天开；那种登泰山而小天下、望沧海而渺溪流的眼界和胸怀，就是一种良好的心理提升和思维训练——因为有底气承担损失，有本钱东山再起。可以背水一战，也可以卷土重来。

- 亲情陪伴

富有家庭的亲密陪伴、启蒙教育，一定优越于普通家庭，更是远远优越于“留守孩子”家庭。其家长可能更注重自身的教育修养，比如更用心思读教育心理类的书籍，更会选择适合自己孩子的教育理念、教育方法。这些，都会拉大和加剧贫穷家庭、富有家庭孩子之间的差异，弄不好就是真正的代际传递和阶层固化。

在现实生活中，或许更多的家庭并非那么鲜明的贫富对立，或者绝对的贫富悬殊。毕竟普通人家、工薪阶层还是绝大多数。但父母绝不可自己不奋斗、不努力，还找一个随遇而安的借口；一事无成、一败涂地，还自欺欺人地安慰自己“平平淡淡才是真”；自顾不暇、无力担起抚小养老之责，还怨天尤人，“仇官仇富”，甚至把这种无能、无奈，惯性地传递下去。

到一定时候，穷家的孩子富家的后代都要和谐相处于同一栋写字楼、同一个屋檐下，在那里朝夕相处，取长补短，竞争合作，共创前程。在他们这一代，要么转化，要么融合。

尽管此前他们不能选择出生的家庭，尽管贫富都是他们的教育资源，尽管他们要着力改变，阻断代际传递。

这，或许是一个待解的难题。还有新的难题：如今，无论贫富，都在培养“富二代”。

11

尊贵或者卑微，究竟哪一类家长才是孩子不可或缺的优秀启蒙老师？

上面我们比较了家庭的贫富，对孩子教育影响的利弊，现在，来看看父母的地位尊卑对孩子教育作用的大小。

富有的衡量看金钱数字的长度，而尊贵则是社会认同的高度。这种尊贵难以复制，不能世袭，不可继承——这是尊贵与富有最大的不同——当然，市场经济时代，贫穷，当然不可能尊贵。

卑微呢，虽然不就是贫穷或者不完全就是贫穷，但毕竟离贫穷更近一些，“马瘦毛长、人穷志短”说的就是这个道理。因为贫穷，自我意识里卑微；因为贫穷，社会意识里卑微。

教育的本质，是培养人的精神长相。人的精神长相是人内心世界的外化，也就是佛家所说的“相由心生”。我们经常说，某人气质高贵，气度不凡，气宇轩昂，气势磅礴，并非某人一定是浓眉大眼，明眸皓齿，身材修长，体魄健壮，而指的是这个人的精神长相，这是怎么淡妆浓抹、浓妆淡抹都不能“包装”出来、“策划”出来的。

从这个意义来说，家长的尊贵，本身就是优质的教育资源：教育不一定培养富有，但一定要培养尊贵——高贵的灵魂、高尚的情操、高雅的情趣、脱俗的品位。

富有总是在比较中相对而言，不可能大家都富有；而尊贵则是一种精神境界、人格修养，全社会或者大多数人可以达到的高度。这就是教育的目的——丰富全民族的精神生活，提高全民族的精神素养，提升全民族的精神境界，刷新全民族的精神面貌。

西方有句格言："出一个暴发户，只需要一个头彩，出一个贵族，则需要培养三代。"本书中的"尊贵"，我类比的是格言中的这个"贵族"，不是我们这个曾经以"祖辈穷得叮当响、自己就是大老粗"为骄傲、为自豪的文化氛围中，对"尊贵"的无知贬损、轻狂嘲讽的定义。

所以说父母的尊贵是优质资源，与富有大不一样。现在我们该讨论怎么运用这个资源了。

我们看到许多父母尊贵的孩子，的确在精神长相上让人看到阳光、看到善良、看到文明、看到希望，总之看到的是正能量、主旋律，看到的是家族积极向上的精神世界，人类美好崇高的精神家园。

父母尊贵，自然寄厚望于孩子一代胜于一代。那么又怎么让其胜出一筹呢？**首要的是传承尊贵的精神长相，此其一。**

其二呢，是进一步沉淀自己的内心。在一个天下熙熙皆为利来、天下攘攘皆为利往的物化时代，在一个芸芸众生皆为住有所居、学有所教、病有所医、老有所养而披星戴月、风餐露宿，永远奔波于路途而来不及沉淀内心的时候，父母您更需要适当放慢脚步，静静回眸往昔，好好梳理不甘寂寞的灵魂，自我造就一点"寂寞与孤独"，让内心沉淀下来安静下来，形成并内化为稳定的价值观念和人生境界，从而教给孩子一种雍容大度、优雅大气、志存高远、脚踏实地的尊者风度。

其三，以身作则，真心诚意地尊重他人、敬畏规则。不少人在从富到贵的过程中，很容易就目中无人、心无法度，导致社会大众对某些富人不屑一顾。在我看来，尊重他人本身就是一种自我尊贵。换言之，尊贵者不会不尊重他人；不尊重他人者不会为人所尊。

真正的尊贵是尊重他人——哪怕对方十分卑微。第二次世界大战时期英国爱德华王子视察贫民区时，对一贫如洗的老太太说："请问，我可以进屋吗？"这才是真正的贵族。

当今社会对人的尊重，起码先要体现在有耐心让人把话说完，不随意打断别人说话。标准再高点就是学会倾听——特别是上升到教育层面的倾听。

其实，让人把话说完，本身就是一种素质，一种修养，一种能力——有一种倾听叫虚怀若谷、胸有成竹，有一种倾听叫含而不露、优雅高贵，有一种倾听叫传递温暖、增进信任。

还有，无论尊贵到什么高度，永远都不能超越至高无上的法度。几乎所有的轻狂之徒，最终都是以一种极端开头，以另一种极端结束。心无所戒、言无所忌、行无所止之时，也就是回光返照、曲终人散、自取灭亡之日。

现在我们该来看看，地位相对卑微的家长怎么影响教育孩子了。

首先我们不必忌讳事实上存在的差异，事实上所处的位置。这没什么：可能是生不逢时，可能是时运不济，可能是环境不适，可能是起步不稳，当然也可能是多重因素的综合作用。即便完全是自身原因，也大可不必讳莫如深，大可不必泰山压顶——不管风吹浪打，我自从容面对！

当然，从容面对并非心安理得，安于现状；并非饱食终日，无所用心；并非抱残守缺，"敝帚自珍"。

据我的观察，在孩子教育问题上，越是卑微的家长，越是注重孩子具体学科分数，甚至不惜一切代价，哪怕倾家荡产。

这种情形自然也不乏成功案例，但毕竟是小概率。总体来说，还是投入产出不成比例，孩子一生鲜有大的发展。

为什么呢？只凭单一的考试成绩、单薄的学科分数，一定撑不起恢弘的事业和丰富的人生。不说只会读书的孩子越来越不适应人才选拔制度的改革创新，就是勉为其难上了一本、上了“985”、“211”，又怎样呢？

读书不等于学习，知识不等于能力，分数不等于招数，成绩不等于成功。真正的职场核心竞争力，不只是老师可以教给的前人已知的原理、已有的结论，而是父母言传身教、潜移默化的品质、意志、心态、情感、习惯等这些“软实力”。

对卑微者而言，重要的是给孩子这些——

不自卑自贱。孩子面前没有卑微的父母：越是事实上的卑微，养育孩子越是不易；越是心理上的卑微，越要教育孩子自强。如果家长从骨子里看不起自己，看不起孩子，那孩子也一定会失去自尊、失去自信，继而一蹶不振、一病不起。

决不能让孩子陷入自卑的深渊！自卑是永远没有尽头的黑洞！卑微的本质是什么？是“不战而降”，是自己首先打败自己，是自己不奋斗还要窝里斗，是扶不起的阿斗，是“精神胜利”的阿Q。

不自暴自弃。自暴自弃有两种表现方式：一种是不作任何努力，甚至连尝试都没有就自动放弃，随波逐流，随遇而安，做一天和尚撞一天钟，甚至连钟也懒得撞，觉得那晨钟暮鼓耽误了黄粱美梦。

另一种是坐等天上掉馅饼、绣球砸中头、彩票摸到手，如若不然就闯红灯、走捷径，甚至无天无法、铤而走险。反正是人一个、命一条，当不了英雄当狗熊，不能流芳百世，就遗臭万年。

谁都知道，自暴自弃没有好结果；谁也都会奉劝别人勿要自怨自艾。但身处底层，举目无亲，凄风冷雨，单衣薄裳，到处碰壁，头破血流，还要强打精神、赔着笑脸，还要打破门牙和血吞，还要千磨万击还坚韧，任尔东南西北风。这，还真需要钢铁般的意志，磐石般的信念，常春藤般的柔韧。这，当然是非常人可以企及的境界。

不怨天尤人。这世上恐怕再也没有比怨天尤人更无师自通、更轻而易举的了：成不了人，怨环境不好；成不了事，怪时运不佳；工作碌碌无为无人喝彩，怨领导偏心、同事势利；生活一塌糊涂一地鸡毛，怪妻不贤子不孝，父辈不是官一代，下辈也没出神童。怨来怪去，怪来怨去，时光荏苒，岁月蹉跎，夕阳西下，廉颇老矣！

有一个不断重复的场景很能说明问题：小孩子摔地上了，大人不是让孩子自己爬起来，然后帮孩子找自身原因；而是呢，第一步，一定诚惶诚恐赶紧抱起来，吹啊、拍啊、亲啊、逗；第二步，必然是对那无辜的地皮又踩又踢、又咒又骂；第三步，更有甚者信手拈来"武器弹药"，煞有其事，"狂轰滥炸"……

直到责任转嫁出去，孩子破涕为笑。

孩子从此知道了，自己倒霉，首先从别人、别物上找原因！您说，这孩子以后会吾日三省自身、勇于担当责任吗？

孩子儿时的记忆特别是反复强化的记忆，会成为一种思维定势和行为习惯，有些甚至就成了潜意识。

卑微的家长还要培养孩子一个无论何时何地都胸怀美好、充满希望的心态。

有一个故事很能启发人：三个泥瓦匠在砌墙，有人分别问他们"在做什么呢？"第一位说："你没看见吗？我正用这重得要命的铁锤，来敲碎这该死的石头。这真不是人干的工作。"后面当然是进一步的牢骚加国骂。

第二位说："为了每天50块钱的工钱，我才做这笨重的工作。唉，要养家糊口，有什么办法呢？"接下来是一脸的无奈。

第三位兴致勃勃信心满满："我正参与兴建这座雄伟华丽的大教堂。落成之后，将有无数人来到这里接受上帝的爱。想到这里，我心中便充满热爱，常为这份工作献上感恩。"

若干年后，第一个人，越是不喜欢越就得从事卑微的工作，早就无数次跳槽，但始终在最底层；第二个人，兴许工钱有所增长、本事也会有所提高，但就是没有什么建树；第三个人呢，可能就成为一个建筑师或者是一个管理者，至少是一个“包工头”。因为他心存美好愿景，在现实一时难以改变的时候，发现工作的乐趣与价值，并把自己的愉悦传导给他人，从而练就发展的本事，赢得发展的机会。

特别是在一些暂时的非本质的不正常现象充斥其间、一些为骗得粉丝点击率而伪善地“为民代言”而迎合惰性、助长无为的自媒体泛滥的现实生活中，保持清醒头脑和坚强定力，更显得十分“重要而紧急”：不能盲从“顺其自然”，不能轻信“阶层固化”，不能放大消极情绪，不能放弃自主努力，不能把宝贵的聪明才智用于寻找借口、逃避责任那种最容易做、最容易做“成功”的自欺欺人之中。

富有尊贵，并非父皇母后，不能世袭、不能克隆；贫穷卑微，并非鸿沟雷池，不能逾越、不能跳出。许家印没有背景凭借，李彦宏没有祖荫惠及，马云乃一介平民，但是他们都达到了登峰造极、驰骋天下的人生高度。

孩子也许可以有限地改变父母，但不能造就父母；但孩子与生俱来的启蒙老师则就是父母。无论贫富，无论尊卑。这不是宿命，而是现实。

12

家庭教育的实质是什么？父母的价值就是兢兢业业辅导孩子作业吗？

到欧美学习之前，我也曾相信有些媒体的宣传：那是个人情冷漠、家庭脆弱、社交混乱、腐朽没落的夕阳社会。身临其境才知道，人家父母很尽责，孩子很努力，家庭很和谐，追求很高雅——假日的海滨、游轮、沙滩、草坪，随处可见的是，一家人在一起，聊天，读书，唱歌、游戏，眺望蓝天碧水，沐浴阳光雨露，欢歌笑语，其乐融融。

校园呢，学生手里是厚重厚重的教科书，上课下课都是围绕在老师身边叽叽喳喳地讨论问题，冷不丁冒出个奇思妙想。并不是有些人想当然所描述的小学生就会谈恋爱，中学生还不会四则混合运算。

我亲眼所见，小学生的作业就有分析当前地区冲突走势、国内矛盾成因，“人工智能最终能否战胜人类、替代人类”之类的、必须要一个团队才能完成的研究课题。别人不厌学，负担轻，并不是学习时间少，没有家庭作业；更不是他们从小就养成剥削阶级不劳而获、坐享其成之恶习。

人家不是没负担，是孩子更有好奇心、有创造欲、有成就感罢了；是孩子更有自由地、无拘无束地用自己脑袋思考，得出与众不同的结论，获得赞赏奖励而发自内心的快乐；不像我们孩子死记硬背现成的标准答案、照抄照搬前人结论，机械重复，无趣无聊。机械，重复，无趣，无聊，能不厌倦吗？

通过与国外同行广泛深入的交流，我得出一个结论：父母教育孩子不等于简单地辅导作业，更不等于天天辅导作业。因为——

● 陪伴比辅导重要

好多家长都有精心辅导孩子，与孩子一起畅游知识大海、探究科学奥妙的温馨体验和幸福回味，虽然在当时也许觉得单调；好多家长每每对辅导孩子与孩子一起山重水复的焦虑、柳暗花明的欢愉的珍藏记忆如数家珍，虽然在当时也许觉得烦闷。

但比辅导作业更重要的，是陪伴。陪伴是没有门槛且没有任何限制的教育。如果说，一直跟班辅导并非每个家长都能做到的话，那么，陪伴则是大多数家长都能付诸行动、持之以恒的了。

孩子教育的失败，不是分数的难看，而是精神的难堪；不是因为父母不会解题或者知识跟不上的结果，而是父母懒得陪伴或者简单应付所产生的结果。

比如说，父母在不合适的时间、不合适的地点，教给孩子不合适的“经验”：平时刻板的父亲酒意正酣的时候，向他要自由一定异常豪爽；平时吝啬的母亲牌瘾正足的时候，向她要金钱一定超级大方。

不用极不耐烦地数落孩子有多少毛病，孩子只是父母的复印品，“原件”是您；孩子问题多，您也不一定让人省心；不用挖空心思地找孩子问题的根源，孩子只是父母的一面镜子，孩子的问题只是家长问题的折射。

不用绞尽脑汁地去想法改变孩子的不良习惯，您首要的是改变自己，父母趋近于完美，孩子不会有太大的问题；不用指望孩子教育的“小投入大产出”：您自怨自艾，孩子自暴自弃；您未老先衰不思进取，孩子少年老成看破红尘；您习惯怨天尤人，孩子擅长推卸责任。

您在“混”，孩子凭什么去“拼”？

父母既是孩子问题形成的原因，又是孩子解决问题的障碍——看来我不得不再搬出苏霍姆林斯基的语录了：“每个瞬间，您看到孩子，就看到了自己；您教育孩子，也就教育着自己，并检查自己的人格。”

家长啊，您纵有百个托词、千般借口，“没时间”陪伴孩子也难说得心安理得、理直气壮吧？只有真正体会到“父母自己任何的成功，都弥补不了孩子教育的失败”的滋味时，您可能才亡羊补牢般地大彻大悟——况且，我们好多陪伴的缺失，还未必是在奔着自己的成功！

• 方法比知识重要

家长在知识上未必能一直辅导孩子，但在方法上的引导则能走得更远。如果孩子能从您的思维、思考过程中吸取养分，从中悟出发现问题、分析问题、解决问题的方式方法，那对于逻辑思维能力尚在启蒙发育中的孩子，无疑是得益一时、受益一生，功在当下、利在千秋！

我不敢说不能输在起跑线上的最佳“起跑线”在哪，但可以明确地、负责任地告诉您，早一点注重孩子思维方法的引导和训练，一定能得天独厚，抢占先机。

根据我的观察，需要集中在这两个方面：

哲学思维。哲学是智慧的科学，是统领所有知识学问、科学技术的集大成者。古往今来，几乎所有做出杰出贡献的精英，或早或晚都是哲学思维的大家。许多人在某个科学领域内卓有建树、达到一个时代高点之后，再一头扎进哲学的大海；当哲学素养提升到一个新的高度时，其科学领域的突破，则再上一个台阶。

哲学对人思维的训练，观念的提升，智慧的开发，以及对人自身价值的发现、人生真谛、人生幸福的体验和珍惜，都有着相当通透、相当高级的认识和理解；有了一定的哲学功力，无论对其他具体学科的学习理解，还是对成长道理上各种奇遇巧合、各种跌宕起伏、各种风平浪静、各种波谲云诡的应对，都将会有积极的、理性的、辩证的、发展的哲学思考的从容与定力。

“不畏浮云遮望眼，只缘身在最高层。”孩子从小有哲学思维的意识乃至习惯，在林林总总、纷繁零乱的社会现象碎片中就不会迷失，在貌似真理实则谬误中就不被误导，能够透过现象看本质，通过今天看明天，穿越历史看未来。特别是在某种思想穿上外衣、戴上面具的现实生活中，要让孩子成长并保持良好的心境，是非常必要、非常重要的事情。

逻辑条理。如果说哲学思维训练是为了孩子思想的高度、深度的话，那么，逻辑条理训练则是为了孩子思想的内在联系和层次构建。我所见识的好多孩子，即使到了抽象思维训练为主的高中阶段，还都不同程度地存在着逻辑思维紊乱的问题。

我做过一些招考面试的评委，面对的不少是名牌大学的研究生，有的已有多年的工作经历。他们的学识水平肯定在我之上，我也非常尊重他们并注重向他们学习。但我遗憾地发现一个比较普遍的现象：他们很容易把一个真切的问题弄得虚幻，一个简单的问题弄得复杂。在论述中有时只是转述过程，缺乏内在的逻辑性，也缺乏必要的层次感。

人们常说，高明的人把复杂的东西简单化。那么我总在想，眼前这些高材生怎么也不是“高明”的反义词吧？唯一的答案是，他们从小缺乏必要的逻辑条理训练。

我发现美国的小学教育就十分重视逻辑训练。最直观、最有效的，就是他们从小学开始的竞选——无论是“官员”还是“代表”，都是在公开竞选中胜出。

既然是竞选，那么就得逻辑严密、天衣无缝，尽力避免对方有机可乘、有隙可钻；那么就要结构严谨、条分缕析，尽量能说服人、打动人、调动人；那么就要有理有节、有根有据，尽量击中要害、一招制胜。久而久之，就练就了敏锐的眼光、严谨的思维、清晰的层次、儒雅的风度，以及言简意赅、意味深长的表达。

● 激发比加压重要

我绝对主张减轻学生过重负担，促进学生全面发展。也曾不厌其烦、不屈不挠、不遗余力甚至不计后果地推行“减负增效运动”，也一度取得一定成效。但凡事都不能从一个极端走到另一个极端。不能片面化、简单化、绝对化、表象化。

学习，原本就是一种复杂艰苦的劳动。学习，不是一种娱乐、一种休闲，更不是一种游戏和调节。适度的负担会给人应有的责任感，让人踏实稳重，避免轻飘飘、缺乏心智沉淀的浮躁；适度的压力会给人积极进取的动力，让人充满朝气，避免灰溜溜、缺乏生命活力的平庸。

但是，光有压力是不行的，仅有压力是不够的。因为压力毕竟只是外在的、外力的推动和驱使，其持续性、稳定性、自觉性远不如内在动力的激发和激励。

所以我说，激发比加压重要。

孩子一旦拥有了内生动力，其学习力、创造力、想象力等无可限量的巨大潜力，就会如旭日般喷薄而出，如瀑布般飞流直下。且不说不会有那些无趣无聊的沉重负担感，就是稍纵即逝的疲惫感、蠢蠢欲动的厌倦感，也会在强大的主旋律、正能量冲击下，消失如一缕轻烟。

一旦家长激活了孩子的内生自觉，那么，孩子成长就会出现远远超出家长预期的主动作为，孩子教育也会出现您意想不到的事半功倍。我们看看激发的重点在哪里——

● 一个诗意的远方

就是让孩子心中始终都有一个远方的深情呼唤，让孩子一直憧憬向往这种美好的愿景和梦想，让孩子内心深处永远向着这种希望和期待出发。

就像山洞摸索中寻找的那缕光亮，沙漠跋涉里等待的那片绿洲，长夜守岁时静候的那颗星辰，春天播种的阳光下若隐若现呼之欲出的那个金灿灿沉甸甸的丰硕！

那个远方，像一朵祥云，一轮旭日，更像一座霞光普照的雪峰，一座穿过风雨照亮夜空的灯塔！那就是孩子心仪的未来——那个驰骋想象、充满希望、饱含期待、提振信心的远方！

您看现在的孩子，有几个的理想是做老师、做医生的？因为离得太近，所以不以为然；因为一览无余，所以兴味索然。

我所说的给孩子一个诗意的远方，正是介于这二者之间。既非朝九晚五、养家糊口这么平常琐碎，又非傲视天下、气吞寰宇那样遥不可及。

理想信念，既是社会进步的政通人和，又是个人发展的欣欣向荣；既是普度众生的家国情怀，又是不负此生的诗情画意。

- 一个充分的信任

教育过程中总会有一些让孩子委曲、让孩子冤枉、误会孩子、误伤孩子的时候，您自己会如此，外人更不可避免。许多时候您会遇到老师、别人家孩子爸爸妈妈、爷爷奶奶的“告状”“申诉”。在您或者别人情绪一边倒的感染下，您是不是很容易不问来龙去脉、不分青红皂白地训斥、呵斥、怒斥、痛斥自己的孩子？您有过认真的统计分析在激烈情绪支配下的这些“现场教育”它的正负效应之比吗？

多年以后，孩子可能淡化乃至忘记了那个始作俑者，但自己父母当初那个“丑恶嘴脸”，往往挥之不去，难以原谅。您为了证明自己高尚，拿孩子尊严脸面作证据，无论孩子是对是错，您都彻彻底底地错上加错了！我这么说并不是“拉偏架”、“护犊子”，而是让您不要被瞬间情绪所推搡：情绪爆发是本能，控制情绪才是本事。

信任孩子，首先，是真切了解孩子；真切了解孩子的前提，是好好陪伴孩子，走进孩子内心；其次，是立足于孩子总体上纯洁向善、正在成长之中，即便有错，也不是想象的那么大错特错，不要上纲上线；再次，外人的任何“投诉”都带有一定的片面性，并且很可能是成人思维，因而您不用那么快速而激烈地反应。举个例子，您体会一下吧。

一个妈妈被突然告知，儿子在学校偷钱，并且是偷了老师的钱，而且自己已经承认。妈妈第一反应是告诉校方：“无论孩子做错了什么，都不要打骂，等妈妈来了处理。”同时要求把电话给儿子，告诉他妈妈马上就到。

妈妈到学校一看，老师、校长、警察个个义愤填膺，众口一词，指责那个蜷缩墙角瑟瑟发抖的孩子。

妈妈抱住孩子告诉他：“跟妈妈说实话，妈妈相信你！”儿子这才抬起头：“我没偷。”

妈妈站起来：“我相信我的孩子。”然后对警察说，“拿出证据！”

警察耸耸肩：“老师说他自己承认的。”

老师当然迫不及待地把她的“审讯”过程“复述”一遍。

这时孩子放声大哭：“老师说，不承认就开除我，要警察抓我坐牢，承认了就可以回家。”

妈妈直盯盯地看着老师：“幸亏你没当法官。”然后旁若无人带着孩子拂袖而去。

路途中教务主任打来电话：“刚才老师找到了记错地方的那叠钞票。”

试想，如果这个妈妈初闻痛心疾首，再到学校“当庭认罪”，回到家里棍棒伺候，岂不是一起冤案首尾贯通？不仅孩子背个贼名，而且从心底认为妈妈跟“他们”是“一伙的”，骨子里对妈妈“再想说爱也不易”！

而此时，儿子感激地搂紧妈妈：“您给了我说真话的力量！”

第二天，孩子扬眉吐气地出现在同学们面前。孩子，永远记住了妈妈那珍贵的温暖。

话说回来，即使孩子出现偷窃行为也并非无可救药，也不用如临大敌，用不着把“小时偷针长大偷金”奉为放之四海而皆准的铁定规律。您小时候就没偷过邻家的瓜瓜果果？就没偷摘过路边的花花朵朵？您就从来没闪过“偷”的念头？不用想象得那么成人化的十恶不赦。兴许，只是那瓜啊果啊花啊朵啊太诱人、太好看而情不自禁。

请好好陪伴、好好了解、好好信任您的孩子吧！

有了信任，孩子才能像朋友一样对您倾诉；有了信任，孩子才会毫无畏惧地向您求助；有了信任，孩子才会把您的信任与期待铭刻在心，化为不伤您心、不愧您望、不负此生的永不枯竭的动力。

● 一个永远的港湾

孩子激励不同于成人的激励，更不同于军人的激将。在一些特殊时候激励成人、军人冲锋陷阵、勇往直前，可以断其后路、置之死地而后生。古今中外都有许多这样成功案例，有时是非如此而不可也。

但孩子毕竟只是孩子。面貌尚未丰满，骨骼尚未坚强，心智尚未成熟，抗击力免疫力尚未发育充分，所以不能像“狼爸虎妈”那样驯服猎犬、猴子一样地激发孩子。琴弦绷太紧会断，孩子逼太甚，毫无疑问会物极必反。我的研究是，再怎么激发，都要守住三条底线：

不要让孩子物质上孤立无援。家庭贫富孩子不能选择，家庭贫富孩子也没有半点责任。从人的本能来讲，父母都是哪怕自己节衣缩食也想让孩子衣食无忧；但现实情况是，孩子物质生活保障的稳定性和可替代性要引起家长的重视。孩子在遇到特殊情况时，即便是因犯错而导致物质上山穷水尽的时候，您，也要给孩子基本的保障。

比如说，您定额给的孩子生活费弄丢了，被骗了，打游戏输了，把同学打伤赔了等等，您也不能断其粮草，予以制裁，还是要给出路；即便您再想让他“长记性”，也可以通过可替代的亲戚朋友、爷爷奶奶“曲线救国”，别让孩子哭天无路、孤立无援。那样会让孩子没有安全感、稳定感。要么被逼无奈，越走越偏；要么倍感绝望，走上绝境。

不要让孩子精神上无所皈依。这个精神皈依并非宗教信仰。不，孩子没有鉴别力，没有两面性，不会阳奉阴违、口是心非，可能被大人们那些似是而非的东西所愚弄。我说的精神皈依是孩子对自己未来、对社会发展的信心和憧憬。任何时候、任何情况下，这种信心、憧憬都不可怀疑、动摇、坍塌、崩溃。

不是吗？作为成人的您，许多时候都是靠精神力量、靠信念希望在支撑您，煎熬岁月，脱离苦海，走出低迷；而作为对世界满怀幻想的孩子，一旦精神的脊梁弯曲，又怎么能长成伟岸、骄傲的参天大树呢？

不要让孩子心理上无枝可栖。心理学基本原理告诉我们，正处于心智发育阶段的孩子，很容易产生孤独感，特别需要安全感。自然而然地需要父母心理上的呵护、保护、照看、荫蔽，天生有一种依恋、依赖、倚靠、栖息的需求。因为孩子心智可以说是弱不禁风，不堪一击的。哪怕是不经意的忽略，都可能会让孩子产生无助感和恐惧感。

特别是独处时或在黑暗中，这种感觉甚至会放大到孩子不可思议、不堪承受的地步，乃至出现过度反应和极端行为。如果在这种特殊状态、特殊时候，孩子还有可以信赖的求助对象，有时哪怕是“一根稻草”、“一个回声”，也很可能让孩子迷途知返，回头是岸；如果孩子一时间感到天低云垂，四顾茫茫，由失望到恐惧，再到绝望，那时，悲剧就可能要降临了。

生活中我就亲历过类似的事情，至今想起来心中仍然充满了愧疚和痛苦。

那是一个上初中的男生，留守孩子，父母每学期按计划寄学费，可开学时被一同学忽悠代买手机给了400元钱，怎么也要不回。一边被骗讨不回，一边学校催得紧。无奈，向同学借，未果；向奶奶求助，婉拒；向爷爷试探，话刚出口即招来暴风骤雨、暴跳如雷；回到教室，老师表示爱莫能助，还暗示学校规定不交学费就与家长电话联系。等孩子不得已告诉父母实情，祈求一丝安慰、一份理解的时候，母亲先是痛斥只会花钱打游戏，从不用心搞学习；接着是声泪俱下诉说父母累得半死，不要添堵，更不能满嘴谎言。

无辜的孩子在他的全部世界里，不仅找不到一点点依托，反而承载不诚、不孝、不明事理的内心煎熬。

一个花季少年就这样走上了不归路。

后来学校痛定思痛，分析反思。几个心理学家都认为，如果当时有一点慰藉，哪怕是一点同情，悲剧都可能避免。所以，无论如何，就是出错、犯错，也不能让孩子靠山山崩，靠水水浑；茕茕孑立，形影相吊；绕树三匝，无枝可栖。无论如何，孩子总要有最后一个依托——那就是，父母；最后一个港湾——那就是，家！

● 氛围比管教重要

常识告诉我们，孩子教育毫无疑问地要有必要的管教。这种管教有时直接，有时间接；有时“一事一议”，有时“举一反三”；有时“单科教练”，有时“同类项合并”。当然，不一定是“语言暴力”，更不一定是“行为暴力”。

所以，老师管教您的孩子，您应该感激，因为孩子遇到的是称职的老师；老师管教您的孩子，您应该支持，因为只有您支持形成合力，才会达到预期效果。您要知道，老师对学生最大的“杀伤力”，不是“棒杀”，也不是“捧杀”，而是视而不见、听之任之的“盲杀”。

一般情况下，老师不会特别跟您孩子过不去。一个班四五十个孩子，老师跟谁过不去，何苦来哉？但是，但是，如果您在老师面前，都放任、迁就、袒护、娇纵孩子，那么，老师心中就一定有了一个可有可无的孩子——您的孩子将要“掉队”了。

高明的教育家和聪明的家长，都只会把“管教”作为必要的手段，而非主要甚至全部的手段。他们更在意的是氛围的营造——

• 积极进取的氛围

有的家长回到家里，脱下正装，也卸下面具：评论时事，口无遮拦；是非他人，极尽刻薄；说起社会，全盘否定。向孩子“面授机宜”的几乎尽是小聪明、小动作、小算计，小人之心度君子之腹，与在外判若两人。

现实生活中家长很容易或者说很自然、不知不觉让家里弥漫一种委屈、不满、牢骚、抱怨之类的情绪，有的家长注意一点，尽量不让孩子受影响，其实很多时候是欲盖弥彰。

我的观察结果是，凡成大事者，对孩子的家庭教育，总体上是与社会主流文化相呼应、相协调的。他们自身就是积极进取的状态——那不是能“秀”出来的，而就是本色、本质——绝非“内外有别”、口是心非、言行迥异、人格分裂。

我们倡导在家里营造积极进取氛围，绝非要求家长在家里戴上面具，继续“装”出来某种状态，而是真心实意地思考好，自己什么样的人生态度于自己、于孩子乃至整个家族发展有利。

人们往往到了一定年龄、经历许多事情之后，才心平气和，才从容理性：用勇气改变那些可以改变的，用韧性容纳那些不可改变的，用智慧区分哪些是可以、哪些是不可以改变的。除此而已，岂有他哉？

● 乐观和谐的氛围

一个人真正强大，不仅顺风顺水时泰然自若、气定神闲，而且颠沛流离中宠辱不惊、乐观自信；一个人真有作为，不仅单兵作战时智慧勇敢、勇往直前，而且融入团队中和谐协调，整体功能发挥得淋漓尽致；一个真正有利于孩子在成长过程中，始终保持稳定心理优势的家庭，理所当然地有着乐观与和谐的氛围。

孩子成长中会有不少不为人知不愿人知的秘密，这其中包括某个年龄段难以排解的烦恼、忧伤、委屈，以及百思不得其解的困惑纠结。虽然有些用心的家长会引导一些、疏导一些，但拥有秘密本身是一种成熟的标志，也是成长的必然，孩子情绪波动陷入低潮也属正常。许多时候孩子认为自己已经长大了不愿父母直接参与，那么孩子平安度过低迷，就一定靠家长平时积极的心理暗示，借鉴其对待艰难困苦中所体现的乐观精神，打开心结，找到出口。

和谐的家庭氛围，不仅是孩子心情愉快、心理阳光的需要，更是孩子增强学习兴趣、提高学习效率的需要。只有家庭氛围的和谐，孩子才能心无旁骛、专心致志，才能自觉把自己置身于这个血脉相连的集体之中。

我们经常看见的情况是，在不怎么和谐的家庭氛围中，孩子始终处于两难选择。久而久之会习惯于一种不置可否、小心翼翼、反复无常、患得患失的状态。这样，孩子甚至都提不起精神，哪还有兴趣钻研问题、整合知识、提升能力呢？

● 求真向善的氛围

现在您闭上眼睛一分钟，回放您小时候和父母在一起的最难忘最温馨的生活片段。嗯，快进，慢进，好，定格。此刻，您一定沉浸在温暖幸福的回忆之中，并且总是与美好的景物、亲切的人物，与某个刻骨铭心的故事，与终生难忘的某个定理、某个推理过程紧密相连，成为一幅精妙绝伦的画面。

您读到卖火柴的小女孩在凛冽寒风中悲惨死去泪水涟涟，父母轻轻为您擦去时的怜悯，您为一只流浪狗有没地方栖息而牵挂，父母悄悄为它安一个窝窝时的欣慰，这无形之中都在您心中播下悲天悯人的善良的种子。这颗种子一直融入心田，成为您心中最为柔软却最有生命的力量之源。在以后的日子里，伴您斗转星移、四季更替中，永远闪耀着人性的光辉！

求真。在一代胜出一代的求索、扬弃螺旋式上升中，孩子们初生牛犊不畏虎，敢于大声告诉世界“皇帝原来没穿衣服！”在社会发展设计、科学技术研究等特别需要求实精神的理论实践活动中，您最欣慰、最乐观的应该是孩子怀疑的勇气、探索的功底、执着的追求和“我爱老师、爱父母、可我更爱真理”的科学精神。

向善。这个几乎所有家庭主观意愿上都不会有问题。没有谁在家里刻意培养孩子的恶行，即使那些恶贯满盈的家伙告别人世时，留下的遗言也很少看到恶的传递。我是赞成“人之初性本善”的善良判断的，即使有人挖空心思地用成人思维举出孩子从小自私任性的种种表现，我也不以为然。

既然主观上谁的家庭教育都不会灌输恶行，那为什么我在这里强调要有向善的氛围呢？现实情形是，社会上恶行太多，让人不敢向善。说白了，就是谁善良谁吃亏，还可能谁受罪——特别是漫山遍野的骗局。一脸诚实的骗子，叫人防不胜防、应接不暇。骗子太多，以致傻子严重短缺。好多正常人都演变成神经兮兮的傻子，来接棒以前真正的傻子。

说这个什么意图呢？就是即便当了回傻子，直到现在仍然愤愤不平，但仍然相信绝大多数人的正直和善良；依然一如既往地去帮人之困、解人之难、救人之急、成人之美——就像我们前面谈德育时说过的一句话：坚持善良，即便遭遇亵渎还能坚守。这，才是真正的善良。

看到这里，您还会只是天天辅导孩子作业吗？

13

教育的主体是学校，教育的主导是家庭，究竟谁才是教育的“主角”？

孩子教育，当与学校开始有一些隔阂、有一些埋怨，但还远没到医患关系那样一触即发之时，您主动与老师沟通协作，尽快高度重视，精心研究。这就是您的过人之处。

作为家长，您不要单方面指望别人改变，而是首先完善自己，明确目标，练好内功。储备适宜的土壤、充分的养分，默默播下希望的种子，然后孜孜不倦、锲而不舍地呵护、浇灌、扶持、打理。满怀期待，静待花开。

这就是“主角”意识。尽管比甘当“配角”要担更多的责任，要付出更多的心血。

因为，有了主角体验，才有主人的情怀。之所以激励您好好做好主人，是因为，再专业的老师也替代不了具备独特优势的您。

比如说呵护孩子的好奇心、求知欲。好奇心、求知欲与生俱来，也难能可贵；魅力无限、潜力无穷，也弱不禁风、稍纵即逝。孩子不知疲倦地遨游于知识大海，永无止境地探究于未知世界，其兴趣、情趣、动力、毅力，都几乎来源于此，发端于此。

有些成年人司空见惯、习以为常的现象，孩子却表现出莫大的好奇，或许这就是怀疑思维、探究精神的萌芽。孩子眼耳鼻舌身的初始感觉，或许正是因为感知其然、还要穷究其所以然的起步——孩子最有兴趣通过直接经验获得体验感，继而问您“十万个为什么”，并异想天开鼓捣出什么玩意儿。

不懂直接体验的重要，而习惯于间接经验即从书本和别人那里获得知识的家长，若对此表现出不屑一顾、不值一提、令人扫兴的模样，那最容易忽略乃至扼杀孩子这一“心”一“欲”。导致孩子过早地丢失了好奇心的一路相伴，继而连求知欲也变成成年人一样勉为其难的“任务”、“指标”而索然无味、味同嚼蜡了。没您的精心呵护，这好奇心、求知欲，能永葆青春、春意盎然吗？

比如说锤炼孩子的意志力、精气神。意志力是一个人自觉确定目标，根据目标支配调节自己行为，以坚定的意志、坚韧的毅力克服困难、清除障碍，从而达到目的、实现目标的精神力量。是孩子成长中不断成熟、不断稳定、不断强大的心理品质。

想当年，狂风暴雨中巍然屹立于岳麓山下、橘子洲头那个伟人的豪迈身影、冲天气概：“怅寥廓，问苍茫大地，谁主沉浮？”“指点江山，激扬文字，粪土当年万户侯！”真正印证了他小学时咏蛙的那首诗：“春来我不先开口，哪个虫儿敢做声？”恰同学少年，书生意气！

比如说涵养孩子的荣辱感、感恩心。这又是孩子与生俱来，从小涵养的心理感知、心理体验。多数时候，学校是依赖家庭对此涵养的根基，继而上升到小组班级学校的集体荣誉感，并让这种集体荣誉感成为广大师生员工同心协力、力争上游的巨大动力。

知荣辱，懂感恩，是家风传承、家长垂范；不是规定，不是纪律，谁也不会硬性要求、强制执行。所以，更需家长您的培育涵养，并且还要走在学校前面。

再比如说，培养孩子的好品质、好习惯。写这本书之前及之中，我当然会有意识地与一些对家庭教育有所研究并且教育实践有所成效的家长朋友，探讨分析共同关心的一些问题。我估算了一个比例：问卷调查“家长、学校对孩子起决定作用的影响主要在哪些方面”时，超过七成的受访者认为，品质和习惯的形成，家长、家庭起主要作用；另有一成左右认为，社会环境是主要因素。

家长或许能接受别人对孩子其他方面的负面评价，但肯定不能容忍、不能承受对孩子品质、习惯方面的指指戳戳——因为正如多数家长所认为的那样，这方面的问题，与其说是孩子倒不如说是家长的问题；与其打孩子的屁股，倒不如说是抽大人的嘴巴。

如此这般，情何以堪？

如上所述，综上所述，都是一个“中心思想”：那就是，孩子的教育，孩子的成长，家长您在许多方面，尤其是一些重要方面，都是主导力量；都是义不容辞、责无旁贷的“主角”，并且要主动作为，大有作为。

作为家长，千万不要认为，老师必须得对您孩子十分的负责，必须把您孩子看得甚至比自己孩子还重要，必须放弃自己的兴趣爱好、家庭生活，以及所有的私人时间、私人空间，来全心全意培养您的孩子、教育您的孩子，并且一定要让您孩子出类拔萃、出人头地。

我听到有家长讲，孩子上学，我交了学校这费那费，国家拨了工资奖金福利，国家、家长都花钱不少了，老师不就是提供教育服务吗？

是的，教育也是一种公共服务。但是——请关注本书所有“但是”后面的文字——教育是一种服务，教育同时又是一种高贵的服务。传道授业解惑，这活儿是谁都能干的吗？是谁都干得好的吗？这是个靠事业心、责任感的“良心活”；是个靠心情舒畅、情绪高涨的“感情活”；是难以标准化、程序化条款化的“软科学”。

一句话，是主观性很强、外部约束难有大作为的高智力、高情商的专业活儿。教育是技术，更是艺术——高大上的艺术！

家长您要是以冷冰冰的市场经济按劳取酬、等价交换原则，来定位、来对待老师的话，说句大实话吧，那您孩子的教育前景堪忧，不容乐观。

同样值得忧虑的是，现在有一些家长与老师相互抱怨、相互责备，情绪多少有些对立。老师觉得自己呕心沥血、披肝沥胆，只差“死而后已”了，对学生爱之深才责之切、管之严。许多时候还被家长同仇敌忾、愤怒声讨，毫不领情，毫不留情，未免暗自神伤。老师热情似火，家长冷若冰霜；老师严格要求，家长放任自流；老师不让一个孩子掉队，家长一气之下轻言放弃。到头来，孩子教育不理想，不成功，家长、社会反过来对老师、对学校热嘲冷讽，说长道短。

家长也有一肚子委屈。学校一纸通知，竟比法律还大，不容怀疑、迟疑，必须老老实实，不折不扣，贯彻落实；请示汇报必须准时准点，毕恭毕敬，稍有疏忽误差，就该孩子代父受罚，回到家里必然山洪暴发。还有一些所谓的专家，摇唇鼓舌，唾沫横飞，弄得人左右为难，无所适从。

教育这活儿，不是所有的付出，都有等值乃至超出预期的回报；不是所有的浇灌，都有相同乃至整齐划一的成长。家长关注的焦点应该是：纵向比，咱看孩子在受教育的背景下，是不是成长了、发展了；横向比，咱不比智力比努力，不比起步比进步；咱千万不可仅紧盯那个等级、名次——本人多年的观察研究表明，考进清华、北大的往往并不是年级前三名，而后来人生发展、社会贡献特别大的人，则更多在当年年级的 15 名左右。

有一首主题很励志、旋律很优美的歌叫《阳光总在风雨后》，令人百听不厌，特别是在人情绪处于低潮的时候。听着听着，那种迷茫沮丧、那种困惑彷徨，无形之中一扫而光，油然而生的是一种积极向上的希望之光：云蒸霞蔚，天高气爽，耳聪目明，豁然开朗。所以我前面说，鼓励孩子学学艺术。艺术，真是人生幸福感之源泉！

现在的家长也当然累得够呛，可是，谁都不认为这是理想状态，因为在这紧张匆忙、无序零乱的过程中，孩子始终处于被动状态，是一个 2∶1 甚至是 3∶1、4∶1、5∶1 的结构。孩子有点像过去街头卖菜的老大娘：一顶“旧草帽”，要面对许许多多“大檐帽”的布置检查、管理处罚。

因为，您未必一定累在点子上。孩子总是被动地在受支配、受监督、受约束，而并没有成为学习的主人。所以，我们该共同探讨，把孩子教育的 2∶1 甚或 4∶1、6∶1 变成孩子、学校、家长的 3 合 1。即三方一个目标、一个层面、一个地位、一个整体，共同面对成长中的困难、困惑，分担风风雨雨，并肩携手同行。

怎么做呢？给您讲一个“法则”吧，或许对您有所启示。

这个法则叫费斯汀格法则。研究者选取了我们经常可能遇到的一个家庭琐事的变化过程：爸爸今天公司要见重要客户，一大早起来漱洗，随手把腕表放在面盆边上。妈妈担心腕表被淋湿又随手放在餐桌上。儿子今天要参加学校的足球比赛，很兴奋，兴冲冲取餐桌上的书包时顺带碰到腕表，腕表“砰”的一声摔到地上。

爸爸一看摔坏的表，顺手打了儿子一巴掌，儿子委屈地申诉“表本来是防水的”，于是一家人开始相互埋怨，斗嘴吵架。

于是，儿子气鼓鼓地上学去了；爸爸匆匆赶到公司后，发现忘了带公文包赶回家取包；家里没人，打电话给妈妈；妈妈匆匆赶回家时，碰翻了别人水果摊；心情糟糕，跟人再吵一架。

一天下来的结果是，爸爸的重要客户等得不耐烦，业务泡汤；妈妈耽误工作，被扣奖金；孩子球赛没有了状态，也没取得好成绩。

研究者由此抽象出一个法则：生活中的10%是发生在你身上的事组成，而另外90%则是由你对所发生的事情如何反应所决定。换言之，生活中只有10%的事情是我们无法掌控的，而另外90%都是我们可以掌控的。

现在，咱把这天的事情从开始时只变化一点：爸爸感谢妈妈用心细心；妈妈把表递给爸爸；爸爸妈妈鼓励儿子自觉起床。一家人顺顺利利上班、上学，然后顺理成章地去完成预期。晚上一家人一起高高兴兴、开开心心。

这也是常态啊，我转发您这个“法则”，是想让您从中得出这样的启示：与孩子共同面对人生初始阶段许许多多的“新人新事”，从中感悟、积累人生经历、阅历，从而少走弯路，少犯错误。以较小的代价、较低的成本，获得人生的成长和发展。

是啊，与孩子分担了风风雨雨，经历了坎坎坷坷，见证了曲曲折折，那么，您才能成为孩子休戚相关、荣辱与共的“患难之交”；您才是孩子可以真心信赖、无话不谈的良师益友。那么，您才可以理所当然地与孩子共享阳光的温暖和明丽。您收获的，将是春之绚烂，夏之繁荣，秋之丰硕，冬之淳厚。您，就是我们羡慕、敬慕、学习、讨教的成功家长啦！

所以说，家长，您的角色是任何外人包括老师都无可替代的。如果说在全社会受教育程度都不高的时候，老师至高无上、学校教育一枝独秀的话，那么，在全社会越来越关注教育、教育理论已撩开神秘面纱、飞入寻常百姓家的今天，家庭教育，已经成为了孩子成人成才的核心竞争力，成为孩子成人成才的关键。

有了“主角”的担当与作为，就一定有“主人”期待的成熟与丰硕。

C篇

家 校 共 育

本篇将通过介绍一个教育实验，来进一步验证、巩固和深化我们形成的共识。这个实验的目的是，建立起学校、家庭之间的高度信任和亲密协调，建立起学校、家庭、孩子唇齿相依、休戚与共的学习共同体，来提高孩子教育的质量和效率，从而实现学校教育、家庭教育和社会教育的有机融合。

实验中我们欣喜地发现，在孩子茁壮成长的同时，家长、老师在这个充满美好、洋溢幸福、令人无穷回味、回味无穷的岁月里，自身也获得意想不到的进步：充实头脑，丰富心灵，提升品位，完美人生。特别重要的是，我们都不是作为观众，而是作为乐手，在谱写孩子成长的交响曲中，超越了时空，超越了自己，超越了传统观念上学校、家庭教育力量的简单叠加。

这是一个有 20 万学生、40 万家长、1 万老师总共 60 多万人参与的、历时两年的实验。实验的主题是：家校携手，共同成长。

14

为孩子减负一减就是30年，什么才是积极而有效率的“减负”呢？

把教育作为一种投入产出来考量，来研究其“增收节支”的“数学模型”，老师不屑于做，学校积极性也高不到哪里。至于家长、社会人士走进校园，大家似乎很不情愿“外行”掺和“搅局”，以礼貌却疏远的姿态相待。

要让学校老师、学生家长都在一个起跑线上，都在一个自我扬弃、自我更新、自我提高、自我发展的过程中，那就得先让大家摒弃过时落伍的思维定势、行为习惯，真正进入现代教育的天地和信息时代的空间。这就是那位伟人高瞻远瞩的定位：教育要面向未来，面向世界，面向现代化。

教育是全方位的气候影响，是全过程的环境塑造，学校只是学业知识的集散地。在这里传播，在这里考察，更多的巩固延伸、内化深化、融会贯通都需要更广阔的空间、更富有的时间。说到底我们的“教”，是为了不教；我们对校园的坚守，是为了孩子们走出校园。因此，我们的教育，必须是一个开放的系统；老师，必须拥有一个开放的心态、开阔的胸襟。

教育是铸就灵魂、开启智慧、培养品行、养成习惯的人生系统工程，远远不只是克隆前人已有的知识模板，加上自己的一孔之见，再复制给下一代。除了老师所擅长的具体学科知识解读之外，许多东西是学校无能为力，或者说是勉为其难的，比如开阔视野，开放思维，比如人生阅历人格磨炼，比如穿越时空的眼光，统领大局的格局，等等，都是我们在世外桃源般的校园里难以练就的功力。我们不知其然，更不知其所以然；遑论深入浅出旁征博引、耳提面命面授机宜。

现在的学生不可能心甘情愿地被装在象牙塔里咬文嚼字，他们急切地要进入社会，进入市场，进入直播才艺的平台，登上人生出彩的舞台。如果把他们困在如此狭窄的一亩三分地里，那不是把孩子逼得身在曹营心在汉吗？怎么可能心无旁骛、气沉丹田听您唠叨，重复您那波澜不惊、刻板无趣、一眼望到尽头的人生履历呢？

现在的社会，再也不是教书先生可以垄断知识的时代；无论知识能力、经验阅历、精神境界、生命格调，老师，也只是高等教育进入大众时代后其中的群体之一。我们既不占领精神制高点，也不拥有学问话语权；我们既不是人们顶礼膜拜的神圣牧师，也不是人们内心公认的道德楷模。过去那种独领风骚舍我其谁、传道授业唯一使者的光环已经暗淡了。

我们除了急需充实自身之外，还要像教导学生的那样：以海纳百川之胸怀，以礼贤下士之雅量，接纳、吸收更多的新鲜血液，来给我们以活力生机，发展壮大我们的阵营。这并非是人之强求，而是我之必须。

发展壮大我们的阵营，并非是另起炉灶。看看经典教育学教科书吧，上面清清楚楚、明明白白地写着：教育要把学校、家庭、社会结合起来，努力造就全方位的学生健康成长的环境。

现在好了，我们找到了早就一直默默相随相伴、渴望相识相知的同盟军，下一步，就是走到他们中间，走到他们心间，继而共同实施神圣的灵魂塑造、智慧开启计划。当然啦，彼此不曾相守于庙堂、相忘于江湖久矣！我们得先拉近心与心的距离。

如果心与心的距离遥不可及，互不信任、概不合作，那么，什么大事要事再有益大家的事，都难以办成共赢的好事，这世界就会平添许多忧虑和无奈；反之呢，就能省去许多麻烦和成本，这世界运行就会轻快顺畅，注定有一个好质量和高效率。

我们回到教育话题。我们都希望教育能有好质量和高效率，但好质量高效率并非靠简单的“减负”能实现。我十分注重微观层面教育手段、教育方法的“减负”，十分推崇“高效课堂”，我一直认为，学生“减负”不应该单一地降低课程难度，减少学习时间，取消成绩排名甚至不凭分数录取。

因为，我们心疼孩子负担重，而市场和社会却不因此而减轻竞争强度；我们担心孩子受不了，但改变不了孩子人生道路上一路泥泞，还需风雨兼程。

所以，“减负”的治本之策在于，以积极向上的进取精神，以遵循规律的科学态度，来提高教育效率；而提高教育效率，无非是扩大“产能”和降低“消耗”。现实状况是，前者一直在努力，后者总是少在意。当务之急该补的短板应该是，降低可以节省的成本，即多方力量的抵消，真正形成教育的合力。

那么，学校教育的最大成本是什么呢？

知识信息？教育本就是站在前人的肩膀上。风气环境？教育本就是传播文明改良社会的。游戏机、教科书？教育本就是它们的主人而不是奴仆。学校能力、家长素质？有目共睹早已大大提升，甚至不容置疑地达到前人难以企及的高度。但是越是如此，越难彼此认同，彼此信任；不是越走越近，而是渐行渐远。

学校、家庭两个最重要教育者之间的互不信任，不以为然，教育力量的内耗与抵消，最终反映在受教育者孩子身上。那就是，神圣的教育者本身，在孩子心目中失去权威感、信任感，随之不可避免的教育质量、教育效率也就萎靡不振、低位徘徊，久而久之总处于弱势盘整。

加之每个教育者、受教育者与生俱来的惰性使然，以及各种消极负面却又迎合人性弱点的东西乘虚而入，那就“水到渠成”地演变为比单一教育效率本身更为棘手的疑难杂症。

这个发现令人喜忧参半。这不是我们所追求的教育生态啊！但这是可以改变的环境。于是，我就在老师圈里转悠，在家长群里溜达，在他们的虚拟世界里感受内心的真实，在他们无拘无束、漫不经心的闲聊扯淡中，梳理潜意识里的共识。

我忧伤地发现，在看似礼貌、和平共处的几个教育主体之间，汹涌澎湃着巨大的反差：除了话题一样之外，语气、语感、语调、语境，统统地大相径庭。

同时我也看到令人欣喜的一面：别看老师们不时发发牢骚、吁吁长气，但从不舍弃心底的那种教育情怀，那种父母般的慈爱；别看家长们茶余饭后、街谈巷议，那么多不置可否、不屑一顾，批评之声不绝于耳，赞赏之词惜字如金，可骨子里还是对老师充满敬佩感激之情：熊孩子盘得实在没辙了起码还有一招——“小心告诉你老师”。

由此我们得出结论：孩子教育，单打独斗，各方力量正负相抵；紧密合作，投资回报无与伦比。

理论的武器一旦为广大群众所掌握，就必然焕发出无限生机；神圣的使命感一旦唤醒，就必然引爆无穷动能。德艺双馨、训练有素的教育工作者，为了教育质量教育效率提高，为了重拾师道尊严，义无反顾、义不容辞出征“家校携手共同成长”的教育实验之旅……

15

老师必须真正贴近孩子们的心灵，信息时代，您还欢迎老师家访吗？

作为教育者，处于居高临下地位的老师，要贴近孩子们的心灵，首要的是收回目光，放下身段。以欣赏的眼光、温暖的情怀、本色的从容、内在的力量，以发自内心的、对孩子父母般的无私，对教育宗教般的纯净，去感知每一份稚嫩，唤醒每一树葱茏；去寻找美、发现美、探究美、壮大美；去读懂每一个孩子碧空如洗、青翠欲滴的内心世界。

让老师贴近孩子们的心灵。作为一个实验或者一个课题，这样的要求未免过于笼统、不着边际。但对老师而言，我的经验是，越是方向性的引导、原则性的引领，越是有着广阔的发挥创造空间；越是具体细节的规定，还越是容易生搬硬套、效能递减。毕竟，教育不是制造标准件，制作螺丝钉。

● 走进每一个孩子的家庭

没人说“新瓶装老酒”，也不必说“老树开新枝”。老师，起早摸黑，披星戴月：奔波于大街小巷，行走在“家访”的路上。

尽管事先与孩子、家长有约，但此时此刻，此景此景，还是令我们这些见多识广的老师们心生感慨，感慨良多。

看到孩子的父亲母亲、爷爷奶奶那么受宠若惊的样子，看到一家人围着老师毕恭毕敬的样子，看到擅长教育人的领导模样的家长惴惴不安的样子，看到习惯不讲究的草根层的家长拘谨无措的样子，看到全家那份慎重、那份隆重，看到孩子那份精心准备、那份热切期盼，老师们心底涌起一种久违的感动，一种珍贵的情愫。老师们真真切切地感受到了，在这个最温暖、最和谐的空间里，弥漫着、洋溢着那种发自内心的友善，那种让人不忍推辞、无法拒绝的亲密。

再看看，在教室里似乎能一眼看穿的孩子，就像变了个人似的，懂事得让人心生疼爱。平时那么的大大咧咧，此时擦桌抹凳、端茶递水，那么的心灵手巧；平时那么容易左顾右盼、前仰后合，此时如此的专注：又是为父母传话，又是为老师解围，生怕他们之间有谁被误解不高兴；平时并不怎么待见、与老师若即若离的孩子，此时如此的亲切自然，善解人意，生怕家长礼节不周，怠慢了自己亲爱的老师；平时心目中皱皱巴巴、忽略不计的孩子，此时显得那么的舒舒展展、不可或缺。原来这些孩子是这么的闪闪发光、光彩照人！

老师我，愧对这些纯净的感情、洁白的心灵啊！

因为走进孩子们的家里，本身就是一种姿态，一种主动，所以一些在家长群里奋不顾身、酣畅淋漓的谔谔之士，在自己家里见到登门拜访的自己孩子的老师时，反而表现出出乎意料的愧疚。当然更多的家长是满怀敬意、充满感激地接待老师，推心置腹、开诚布公地与老师交流探讨。

起初的家访，有的似乎是一种礼节，一种探视；也有的似乎仅仅是一种对接，一种相互了解，互通情报；有的还像是告状、吐苦水。

我们适时引导：低水平的家访，本是可以在电话、视频中实现的家访；而高质量的家访，则是家庭学校的深度融合。不久，新画面出现，新格局展开：

话题集中。主题突出。内容丰富。气氛融洽。平时我们标语口号人云亦云的“一个都不能少”，原来在这里是一大家子人善良的眼神，纯朴的情感，是满腔的赤诚、全部的期待啊！此刻，这些，就围绕在我们身边，充满我们心间也必将永远萦绕在我们的灵魂深处！

随着家访次数的增多，交流层次的深入，老师们浑然不觉地由“教育者”变成了“受教育者”，只感觉到受到洗礼、净化、提炼、升华。

● 感受每一个家庭的氛围

由于职业的方便，老师平时也接触方方面面；也由于职业所限，老师接触的程度也往往浮于表层、浅尝辄止，真正深入社会并不多，对自己学生性格习惯的形成，也缺乏个性化的了解和把握。因而，统一要求、普遍教化居多，个性化、特色化偏少。随着家访交流的深化，老师们开始关注孩子们不同的家庭氛围，以及家庭氛围对孩子成长的正负影响。

影响孩子成长的因素很多。遗传基因，物质条件，父母受教育水平，家庭稳定状态，社区文化环境，学校校风学风，老师德能勤绩，自身努力程度等因素都呈正相关关系，但其中家庭氛围对孩子的成长影响尤为关键。

家庭氛围影响孩子心理、心态、情绪、性格、习惯、意志、品质。当我们“家校携手共同成长”实验告一段落的时候，许多老师就有了这个非常难得的共识。那时我开始萌发写这本书的想法，把从大量实例中提炼出来的这个十分朴素的道理告诉您——亲爱的家长朋友。

我们的家访是全覆盖多频次的，其间会安排不少交流活动。这是一个由点到面、由浅入深的体验和感悟。老师们似乎突然发现，原来教室里一张张熟悉平凡的脸庞，竟然来自那么多生动鲜活的家庭环境、家庭氛围的雕琢和塑造。孩子与家长的“像”，不仅是遗传的“形”，而且是更稳定、更持久的后天的“神”！是世界观、方法论；是思维方式、行为习惯；是积极或者消极、乐观或者悲观、进取或者退缩、勇敢或者懦弱、阳光或者阴暗的人生态度和处事风格！

于是，有了“家长学校”的“家风”讨论，有了“家校通信”里的知心对话。“家长微信群”一改那种怨天尤人、听天由命、愤世嫉俗、随波逐流的“信风”、“群风”。不少家长感叹，即便是为了孩子，也要修正自己、完善自己。

如果说，以前要孩子青出于蓝而胜于蓝，是为了脸上有光的话，那么，现在要孩子先成人后成功，更是为了整个家族的良性发展和代际超越。一些相对贫困的家庭自强不息，一些步入小康的家庭追求上进，一些既为人羡慕又为人嫉妒的家庭，更注重找回淳朴厚道的家风和吃苦耐劳、坚韧不拔的精神状态。

老师们最强烈的感受是，即便是文化程度不高的爸爸妈妈，即便是“留守儿童”的爷爷奶奶，即便是“全托生”的叔叔阿姨，即便是各种特殊情况孩子的监护人，大家都意识到自己肩负有教育孩子的责任，自己对孩子有着巨大而深远的影响，自己这个角色的地位作用价值任何人不可以替代也不可能替代。无论多么有权有势、多么富可敌国，也换不来孩子的健康成长、成人成才。

老师们还强烈感受到家长教育观念的进步。以前的家长会，没有一个家长关心的不是自己孩子的分数、排名，家长会的场景老师也觉得尴尬：教室里家长的座次，从前排到后排，从中间到两边，几乎就是自己孩子在班上的排名位次；会上的发言顺序，几乎就是自己孩子所任班干部的排列顺序；家长会就是分数会、干部会、世俗会。往往以“鼓励先进、鞭策后进”的愿望出发，却以“先进是因为孩子努力、后进是因为老师无能”的结论告终。

久而久之，家长会成了一些家长，特别是那些如上被告席一样所谓“差生”家长心中的一道坎，成了老师们可有可无、可轻可重、弃之可惜、食之无味的“例菜单”。

而现在，应家长要求，学校开办了“家长学校”。没有颁布任何规定制度，也没有任何约束奖惩，顶多有个内容预告，家长全凭兴趣参加。从最初的大讲坛，到应运而生的专题讲座，针对性越来越强，吸引力越来越大，再后来，不少家长自发地当起“轮值主席”，当起跑前跑后忙里忙外的志愿者。

家长们依然关心自己孩子的分数、排名，但更多的是关注校风、班风；家长们依然希望自己孩子有机会多方面锻炼一下，但并非因此就推论自己孩子的将来。由于老师有意识的引导，家长们更多的是，沟通家庭教育与学校教育怎么相辅相成、相得益彰，怎么建立有利于孩子个性化、特色化发展的机制和制度，怎么从自己做起，从现在做起，营造有利于孩子健康成长的好氛围、大环境。那种把一切失误、一切责任一股脑地推给社会、推给别人的陈词滥调渐渐失去市场；而一种有责任担当、有方法交流、有体会分享的高水平、多层次的教育科学研究，俨然走进“家校同盟”。

最为令人欣慰的是，家长、老师都找回了自己就是孩子“教育责任主体”的感觉，满怀真诚，积极主动，分享经验，分担责任，相互理解，相互鼓励，一扫过去那种相互推诿、相互埋怨、相互抵触、相互不屑一顾。

● 测试每一片滋养的水土

如果说前面所说的“氛围”是阳光、空气的话，那么这里所说的“水土”，就是孩子成长的文化背景。一个学养厚重、点石成金的老师，测试孩子成长的文化背景，尤为必要。

文化背景是相对知识能力更宽泛、更稳定、更持久的孩子成长所需的外部条件。文化的载体就是生活，是生活哲学、生活美学、生活品位、生活习俗、生活方式、生活境界在人的物质精神世界的反映。生活为文化提供肥沃的土壤，文化为生活提升丰富的内涵。文化具有对孩子极强的渗透力和控制力，具有对家庭、家族极深的影响力。

文化，甚至是区别不同阶层的分水岭和试金石。

有文化的家庭、有文化的父母，可以从生活细节彰显不同凡响的气质气度；而没有文化的家庭、家长，则无论怎么装腔作势，也掩盖不了骨子里的庸俗和粗鄙。从一定意义上讲，文化是一种精神修为，是一种道德提炼，是一种基于知识能力的自我完善和超越。

在微信里广泛传播的“文化”是这样的：根植于内心的修养；无需提醒的自觉；以约束为前提的自由；为别人着想的善良。

这是从不同层面、不同侧面对文化的表述。尽管不尽一致，但至少都说明一个道理：并非念完大学就一定有了文化。有的人确实有知识甚至学富五车，有的人确实有能力甚至游刃有余，但就是不具有相应的文化内涵，脱离不了“风尘气”和“世俗味”，把个天真纯洁的孩子带得要么工于心计、精于算计、俗不可耐，要么一脸茫然、装萌卖嫩、装疯卖傻。

相反的，有些并没有受过高等教育的家长，注重终生学习，看重自身修养，特别是用心用功在孩子成长的漫长过程中，“跟车滚水”，水涨船高，把个资质并不特别优秀的孩子带得质朴善良、脚踏实地、勤劳智慧、忠诚勇敢。他们不仅努力地提高自身，更能得体地为人着想，有一种自觉与承担，即便智商不算出色、才华不算出众，也很受人尊重、受到器重。

- 探寻每一个进步的足迹

每个孩子都是一个独特的生命个体，都有他存在的必然和价值。如果我们老师将心比心，真心对每一个孩子高度负责，真正遵循教育规律、遵循人才成长规律的话，那么，一个孩子就是我们的全部。

因为，真正有效率的教育，必然是精准的对症下药，必然是量身的因材施教，必然是“一对一”的差异化教育，必然是普遍的规定动作与特殊的自选动作相结合的个性化教育。

每个人都不能超越人才成长规律与心智进步阶段，即便是天才——况且本书此前告诉我们天才太珍稀、可遇不可求；每个人的进步足迹都值得教育者好好探寻，从中总结许多规律性的东西，提炼我们自己的教育思想。我从不轻信某些专家江湖郎中似的指点迷津，从来不盲从某些大师超市导购样的夸夸其谈——特别是动用行政手段来推动的教学、教改、教研。

我一直认为，老师平静下来，把自己的学生作为研究样本，一届一届地总结提炼，才是最适合自己学生的教育。从这个意义上讲，“最合适的教育才是最好的教育”才是真理，否则，这个理念只会成为无所作为、无能为力的借口。

因此，我们老师一旦有了沉甸甸的教育担当，一旦有了清凌凌的教育情怀，也就有了对每一个孩子成长足迹的关注、记录、研究，有了对每一个孩子的内心观照和外形观察，有了对每一个孩子性格习惯的追根溯源和走向预测，从而进行抽象与提炼，逐步形成具有自己特色、符合自己学生实际情况的教育方法、教育方式。

教育的效率和质量，不仅仅是师资水平的问题，也是怎么给学生以适合的教育的问题，是真正的因材施教、广义的有教无类的问题，也就是本书力主倡导的精准化、个性化教育问题。

如果说我们教育质量难以令人满意，出不了杰出人才，拿不到诺奖，仅仅是师资水平所致，那提高全中国的教育质量，岂不是举手之劳、易如反掌——只需集中全国顶级“教霸”、加天价聘请世界超级专家，组成最豪华团队，打造最精品课程，在互联网统一播出、统一回传是也——反正现在各校都有这个设备。那不仅质量上去了，令人头疼、饱受诟病的教育资源不均衡、教育机会不平等的问题，也迎刃而解、大功告成了！

可是，但是，教育是个精细活啊，每一个孩子都是活蹦乱跳、异想天开的鲜活生命，每一个孩子都不可等闲视之，每一个孩子都可能在某一领域、某一空间、某一时期、某一环境下，创造出令人刮目相看的杰出成就。不摸清学生“性情”、“心情”、“学情”，何谈教育科学、教育智慧、教育效率、教育质量？

如果说当今教育出不了杰出人才是真命题的话，那么，标准化、模式化、普遍化、统一化的教育方式方法则是技术层面最根本的原因。所谓杰出，就一定是卓越优异、与众不同、独树一帜、鹤立鸡群，就一定是爆发其特长、特色、特点并卓有建树，就一定不是用一个流程、一道工序、一个标尺、一个模子制作，用一个筛子、一个漏斗过滤，就一定是非同凡响的潜质唤醒、开发、激发出来并发挥到了最佳——这才能成就为“杰出”。

这种横向的、静态的比较研究还不够。许多老师进一步自觉加强了纵向的回放与展望，把平面的家访上升到立体的、动态的比较、研究，使其直接服务于教学教研、社会实践，具有相当的前瞻性和发展性，使一种阶段性的教育实验成为常态化的教育状态。

- 记录每一步成长的印象

这个创意来自年轻父母记录孩子成长的个性影集。学校把这个创意借鉴到家访之后，老师们就把这个《××同学成长印象》作为班主任、科任老师交接班的必备文书，一茬一茬交给下一任。等孩子完成一个学段或者读完一所学校，将要离开的时候，带走的不仅是对母校一草一木的依依不舍，还有对老师一颦一笑的念念不忘。

您家孩子“成长影集”拍到小学阶段了吗？没有也没关系，老师帮您续拍下集。

既为人师，就有过人的恒心与毅力！

同样的，这个“成长印象”也没有统一的格式模板，甚至没有对用途的特别强调。但也正因为有了创造空间，老师可以在这里八仙过海，各显神通：可以看菜配饭，量体裁衣，聪明才智发挥得酣畅淋漓、淋漓尽致，思想性、艺术性、独特性应有尽有。老师、孩子，共同创造出读懂自己与对方甚至只有自己和对方才能会心一笑的“私人空间”。

那是一个值得一辈子收藏、回味的世界！

16

亲临孩子朝夕相伴的校园，您通常是走马观花浮光掠影，还是沉浸其中深入其中？

此刻，请您回忆一下，孩子在学校，您突然接到老师电话时的心情。多半时候，您是不是惴惴不安甚至有某种不祥的预感呢？因为，孩子在学校如果一切正常的话，老师不会给您电话对吧？老师要表扬您孩子时，也不会给您电话是吧？给您电话，只有在孩子调皮捣蛋需要家长“协助”教育时，或者遇到某种突发事件的“非常态”下。简言之，老师给您电话，不会给您平添轻快和喜悦。

您再回忆一下，学校通知家长会的情形。多数情况下通知您开家长会，总与考试冲刺、补课收费、政策调整、“情况说明”以及需要“征求意见”等有关。要么是内容不开心，要么是形式不舒心，最要紧的是自己的孩子不省心：谁知道会上会“通报”个啥、孩子在老师眼里是个啥？特别是大多数的孩子学习成绩不冒尖——冒尖的永远是少数；在校表现不稳定——正是成长发育期的孩子谁能表现那么稳定呢？这些孩子的家长们，接到通知就有一种即将当“被告”的恐惧，走进学校“自觉”找准该坐的位置，如坐针毡，度时如年。回到家里多半也难得“轻快和喜悦”：会上的“不愉快”声音会绕梁三日，您得到第四天，才能缓过神来。

于是，对家长而言，与学校联系并不是件令人向往的事情，包括“致家长的一封信”；于是，对老师而言，与家长见面也不是件值得期待的事情，包括“找上门来”的家长——这种不咸不淡、若即若离的家校关系，也当然“就那么回事情”。

现在不一样了。老师走进千家万户，也走进孩子们的心灵；为师者那么积极主动了，家长当然求之不得地回应关切。于是，家长们在学校盛情邀请下，大大方方登堂入室——“堂”者，礼堂、教室是也。

一个家长这么形容此时此刻的心情：我们走在大道上，我们的队伍向太阳!

现在，老师家长同是教育的主体，和孩子都站在同一起跑线上。在知识、信息、能量大爆炸的年代，老师也要“外脑”、学校也要“智库”：“我们都是来自五湖四海，为了一个目标，走到一起来了。”对，走到一起来了：非正式组织会议：“无领导小组讨论”，各抒己见，畅所欲言，博采众长，民主集中，自告奋勇，义不容辞。多少热心人士、有识之士担当起代表重任，有模有样、有条不紊地做起了好多工作：

- 感受师德师风

国家正在发展之中，社会服务体系正在建设之中，现实还不足以保障老师们的衣食无忧、尊贵体面。再怎么对教育倾斜，也不可能对老师养老抚小大包大揽，也不可能一夜之间冒出周到完善的服务——即便有了，还要有相匹配的支付宝啊。国家太大，老师太多，条件千差万别，环境千变万化，老师从来都是为他人着想，为国家分忧。只是，只是我们家长也要厚道一点，务实一点，理解一点，包容一点。

以心换心，先要将心比心；己所不欲，当然勿施于人。我们也不忍心用圣人、完人、达人、牛人的标准去要求、打磨老师，去筛选、过滤老师。家长代表们在学校越久，对老师了解越深，他们对师德师风的感触越真切越深刻——心中的敬仰敬佩油然而生，赞美赞叹溢于言表。

更让家长们感慨不已的是，学校对师德师风重视程度之高、管理手段之硬、监督力度之大、惩罚处理之严，使一些长期待在以理解和谐为管理理念的单位的家长们，不敢想象、不愿相信。从严控贪污腐败到重处有偿家教，从学校基建招标、财务资产管理到学生资助、早餐午餐登记结算，都有一整套制度规范，一条龙监督控管。

特别是学校对老师的政治纪律、工作规范、生活作风、行为习惯、仪表形象、言谈举止等等事关为人师表的方方面面，都有革命军人般的要求和督察。在孩子们眼里至高无上的老师，正经历着小学生般毫不含糊的训练和约束。

当然更多的是，老师们对于师德师风的自觉追求与内在修炼。可以说，几乎没有一个老师把自己的师德师风水平定位在学校限制的标尺以下，没有一个学校把对老师的要求定位在仅是一个合格公民。老师，学校，时刻向着德高为范学高为师的目标，努力着，奋斗着。

- 见证教学教研

家长见证教学教研，并不是说家长教学教研比老师还专业还厉害，并不是要家长来指导老师，要一些“外行”来评判内行。如果那样还真是瞎鼓捣乱折腾。毕竟我们老师都经过系统严格的职业训练，有着丰富的实践经验。

但这也并不意味着在教育这个领域，当然不仅仅指具体学科的教育，老师就一定强于家长，因为家长中确实不乏卓有建树的专家学者，不乏对教育颇有研究的民间高手。

再说，教育是个最广为人知的行业。几乎地不分南北，人不分长幼，年代不分古今，何人、何时、何地都可以现身说法，都能够触类旁通。从这个意义上讲，家长见证教学教研还是利大于弊，至少不敢也不会糊弄吧——老师又不知道您肚子里是诗书经纶，还是稻草秸梗。

平心而论，作为一肩挑两头的教育局长，谁都会重视家长、校长、老师的来信来访，哪一边不满意局长都在意。以前呢家长反映，低年级的多半是控诉孩子吃不好，老师不负责；高年级的多半是状告老师不公平，收费不透明。有关部门一查呢，也难得事实清楚，证据确凿，当然也就做不到定性准确，处理得当。

比如说这教学教研吧。家长反映说，某老师教学教研简单粗放，从未认真“吃透两头”；长期以来受人之托，指定学生购买某版本练习册，累计得了多少多少回扣；证据就是布置作业一定据此版本，白板上大笔一挥：p30—35。如果你不购买这个版本，那就后果很严重，您就掉得大：您家孩子就没了参照，就没了方向，就输在了起跑线上，云云。

乍一看呢，有事实，有依据，有推理，有定性。似乎接下来就可以把该老师绳之以纪了，但事实并不这么简单。

一次，我专门买了一套投诉集中的练习册的书，与其他版本做了深入细致的比较研究。从内容到形式，从设计到印制，从训练方法到考察方式，从装帧水平到团购价格，方方面面，里里外外，没有任何偏袒，不带任何偏见，内心觉得：老师选定的练习册更胜一筹。

当然，不一定我的判断就是真理。教学教研这种创造性的工作，本就是仁者见仁、智者见智的事情。但一个原则则要非常明确：凭一家之言、一孔之见进行“有罪推论”，至少有失公正，不可轻率处理。

有了这个案例的“解剖麻雀”，才有了对这个问题的多方位分析思考。分析来，思考去，回归到一个理念——“百闻不如一见”。让家长们亲身见证吧！相信我们老师的敬业精神，相信我们家长的观察能力，相信大家能取得共识，相信我们能共同开创教学教研的新格局、新局面。

新格局，新局面，就是遵循教学教研规律，遵循知识能力传导规律，真正以孩子为中心，实施最精准、最有效的教育；真正以能力为导向，落实科学定义上的“因材施教”。这不您看，本来老师们从来就视教学教研为主业、为正事，为专长、为优势，自觉自愿、默默无闻地深耕于斯，沉醉于斯，现在又有了家长直接的见证，有了社会欣赏的目光，老师们更是大大增强表现欲，成就感呼之欲出。

校园，回归到满园书香关不住，腹有诗书气自华的高贵典雅的氛围之中。

就是家长们此前颇有微词诸如练习册之类的问题，不知不觉也被化解为天高云淡、云淡风轻。

过去确有一门学科推介四五本资料，学生成天在练习题的汪洋大海里埋头蛙泳的现象，还美其名曰“精讲多练”。

现在呢，一个学科也还有四五本资料，都在老师那里——老师购来不同版本的练习册，结合教学大纲与自己学生实际情况，研究、比较、取舍、整合，最后到学生手里的是一册倾注、浸透老师多年积累全部心血的、具有本学校本班级特色、适合“这一些”学生练习、巩固、延伸、拓展、举一反三、融会贯通知识能力的全新练习册。

把书读厚，又把书读薄。老师为孩子们作出了榜样。

家长减轻了经济负担，孩子们减轻了课业负担，老师们减轻了被曲解误解、被轻视藐视的精神负担。如果再有人无中生有、无事生非、再拿类似练习册说事，对不起，家长会以亲身见证人的身份予以还击：“做人要厚道啊！我们看到的是老师们对事业的无限忠诚，对孩子的高度负责。这样的老师，我们信服、我们敬重！”

- 监督后勤服务

与教学教研一样，学校后勤也是家长们关注的热点，也是容易引起投诉并且具有广泛群众基础会得到强烈共鸣的焦点。论关注的人数那一定是一个庞大的群体——也许不怎么关心或者关心不到孩子学习状况的爷爷奶奶外公外婆们，一定是孩子吃喝拉撒衣食住行的密切关注者。

从食品安全到卫生状况，从饭菜搭配到色香口味，从用餐时间到配送方式，从茶水供应到寝室管理，关注的目光一定是横向全覆盖、纵向全过程。细致入微，明察秋毫。

也是，好多孩子在家里从来享受“特供”：襁褓里吃的就是外国奶粉，穿的就是外国尿裤，以至于有人说中国婴儿激活了一个“代购”产业，改变了贸易逆差。现在不得已送到学校来了，别的可以忍受，但饮食起居“再苦不能苦孩子”，绝对不能让孩子受委屈。

学校要办“寄宿”，老师兼职“保姆”，这也是时代的产物。既然社会有此需求，学校当然当仁不让。只是师范学校从没开后勤管理课程，这方面专业人才紧缺，校长感叹“选后勤主任比教务主任难”：既要忠心又要细心，既要有爱心又要有耐心；既要品德好又要身体棒，文要盘得转算盘，武要扛得起麻包；外要斡旋引车卖浆收放自如，内要协调烧火打杂能屈能伸。

好不容易选了个基本合格的后勤主任，配了个基本胜任的后勤班底，接下来就是要强化训练怎么解决“众口难调”的世纪难题。理念是留得住胃，才能留得住心；留得住孩子的心，才能赢得家长的放心、舒心——这就是，办好人民满意的教育——这样的认识水平，够高了吧？

可是即使这个超高的理论指导，也没有达到预期的实际效果。学校后勤服务总是几乎无人喝彩，冷不丁还冒出些事端。比如菜里没有肉丝却有头发丝啊，汤里飘的油是不是地沟油啊，孩子回家要夜宵肯定是没吃饱啊，寝室为什么没空调啊，伙食费怎么没节余啊，等等。您还真不能说是婆婆妈妈，鸡毛蒜皮。

果真是世纪难题吗？关起门来样样难，打开大门天地宽——让家长们来献计献策、群策群力！家长中有的是后勤管理人才，有的是制度建设专家，有的是热心快肠人士——许多人本来就是志愿者，现在到自己孩子学校做义工，不是一举多得吗？

况且，有了家长的引导和示范，有了家长的见证和监督，后勤班底的精神状态焕然一新——校园文化的力量真是不可低估——老师最要尊严、最爱面子，最在乎社会评价；在校园文化熏陶下的工友也是如此。

有一次我召开座谈会，不止一个工友师傅说：“我们虽然是大老粗，没多少文化，可是，谁愿意被人家指着后脊梁骂这家伙克扣孩子呢？”

有一阵子，我们到学校调研、听课、检查、督办，大家不约而同地第一站就到了学生食堂、寝室。与学生一起排队进餐，边吃饭边聊天；与后勤班子一起把方方面面的意见建议一一梳理讨论，然后做个食堂台账，采取整改销号的办法。每天解决一点，每天进步一点，久而久之，久久为功，以前总一筹莫展的难题，不经意间就迎刃而解了。

一个长期在食堂理菜洗菜的工友告诉我：“人家家长没拿半分钱，跟我们一起做卫生，洗刷刮，拖抹擦，比我们拿钱的人还卖力还细心，我们不把他们孩子当成自己家的，脸面过不去，良心过不去啊！”

许多时候，脸面，比工资福利重要，良心，比规定制度管用，特别是在挑战人的道德底线、人的容忍极限的问题上。这也是基于外力约束前提下，内心的唤醒和觉悟——毕竟内因是变化的根据。

许多时候，并不是学校不努力，而是难以找到努力的着力点。“久居芝兰之室不闻其香”，反之亦然。常言道，当局者迷，旁观者清。我算是领教到了这种活生生的现实。我不无失望地看到，正副校长、后勤主任他们天天围着校园转，居然检查不出我第一眼发现的问题。

究其原因，也不是完全不负责任——每天看到的差不多。也许刚开始还挺敏感，执意这纠正、那改进，后来总遇到“这个不要紧”、“那个没关系”的托词，慢慢的，自已也出现“审丑疲劳”，司空见惯，见怪不怪了。

而家长不一样，新来乍到，不知“掌故”，不屑“惯例”。“看见不妥一声吼，该出手时就出手！”一卷袖头，自己动手；干净利索，手到垢除。说是“鲇鱼效应”也好，说是“开放效应”也好，反正食堂、寝室确实是窗明几净，学生脸上确实是阳光灿烂。

好样的，就这样定格！学校不失时机，制度规范、工序流程应运而生，后勤服务有了标准，有了评价体系、奖罚细则。此前家长最不放心的后勤服务，现在频频迎来习惯于挑毛病、擅长批判思维的民间网站的点赞，迎来政府有关主管部门的肯定和推广。

● 汇聚社会反映

有人说，学校应该具有独立性，应该按照既定目标，专心致志地做好本职工作教学教研，不应该受外界左右和干扰。在一定时期，在某些地方，有的随意把学校作为直接服务“中心工作”的行政机关、把学生作为直接推动群众工作的“抓手”甚至“人质”，总之把教育视为某种政策工具。

针对这些不尊重教育主体地位不顾及学生心理感受的情况，强化教育的独立性，当然有着积极的意义，并且持这种观点的人多半是专家学者等有一定社会影响力的人士，因此我是由衷地赞成并致以衷心的感谢。

但凡事都有度。如果过分强调教育的特殊性，把教育引向自我封闭、自我循环、自我欣赏的方向，那就又回到两耳不闻窗外事一心只读圣贤书，不知秦汉无论魏晋的脱离实际、脱离时代、脱离社会、脱离生活的老路——那是实践反复证明了的，是越走越窄最后没有出路的一条死路。

我的理念是，不能就教育论教育，就教育管教育，就教育办教育。我总认为，一个领域一旦置于一个自我封闭的体系，就必然变成井底之蛙还夜郎自大，变得故步自封还刚愎自用，变得狭窄狭隘，变得没有活力与生机。

如果做教育的没有开放的思维、开门的胆识，没有虚怀若谷的气度、广纳善言的诚意，不能够做到闻过则喜，从善如流，那教育必然不为人民群众所理解。即便付出了洪荒之力，恐怕也只能顾影自怜。

这且不论，最要紧的是我们的受教育者。他们处于一个完全开放的世界，他们从来都在感受着这个世界，观察着这个世界，并立志改善这个世界，让这个世界更美好——这，不正是我们教育孜孜以求的吗？

由此我还不断试图破解自己的许多困惑。以前对教育只窥一斑——从自己孩子教育之所闻所见而推论教育全貌，总有一种恨铁不成钢的复杂情感。

为什么人们那么多意见、那么多非议，能引起那么多共鸣呢？外行都一眼看穿的弊端，为什么就是在全系统普遍出现、反复发生呢？为什么老百姓中流传甚广的金玉良言，硬是不能被吸收而转化为政策策略呢？难道那么多指点江山、激扬文字、胸有大志、腹有良谋的仁人志士、有识之士，都只能为别人开药方，而对自家责任田杂草丛生、野蛮生长束手无策吗？

自己一身沉疴，安能普度众生？

当我完全走进教育并且融入教育之后，身临其境，亲力亲为，努力了，拼搏了，奋斗了，忍受了，夜深人静的时候，辗转反侧，扪心自问，百思不得其解。就是现在，在我离开局长岗位之后，我也没能完全解开这个结：为什么越是要办人民满意的教育，人民越是不满意呢？

但不管别人怎么评价，我们自己首先要尽到最大努力。正如那个工友最朴素的话“对得起自己良心”。“知我者谓我心忧，不知我者谓我何求。”不仅求个自我安慰，不仅求个虚幻的勿负我心，更重要的是要求得大家的认同、社会的理解。

对教育、对学校的评价，不仅仅关乎声誉，关乎对校长、对老师的奖励，更重要的是关乎教育的尊严、教育的权威、教育的地位，教育的效率——试想，一个饱受公众质疑诟病、浑身伤痕累累的导师，会有多少花季少年投奔门下，并以此为荣光、为自豪呢？

沟通，沟通太重要了！许许多多的负面情绪乃至敌对情绪，都源于相互封闭而导致误解的加深加剧。两个国家箭在弦上的时刻，也有使者化干戈为玉帛；两个世代宿敌，也能相逢一笑泯恩仇。况且我们大多数民众只是对教育不理解！爱之深才责之切啊！问题还在我们缺乏沟通。

怎么沟通呢？我的理解，沟通，其实就是互动。一方面是倾听，是改善自己；一方面是表达，是回应关切。

那么，社会上那么多反映来自哪里呢？不就是我们正在请进来见证、走出去请教的这些家长吗？“现在进行时”对我们的意见建议，绝大多数来自目前这些家长吧？与其让宝贵的真知灼见随风飘荡，不如积极主动来倾听民声、集中民智、顺应民意。

开放校园，开门纳谏；真情互动，倾情展现。全面畅通交流渠道，及时回应社会关切，让人民群众首先是广大家长，增进对我们的了解、理解、信任和信心。

家长们倾注满腔热忱，发挥聪明才智，就如百度搜索一样，从各个渠道各个方面汇集了有关本校的金玉良言、苦口良药，分门别类，归堆打包，然后，带着歉意说：“别看这么多，其实也都差不多。”

学校则如办提案一样分析研究，统分结合，事事有着落，件件有说法。虽不能立竿见影、一蹴而就，但毕竟有了解决这些问题的强烈共识和制度安排，有了回应关切的主动自觉。

如此几个来回，几轮循环，学校工作的方方面面的确大有改观。家长沉浸其中，深入其里，珍藏许久的“一家人”意识、因尊重信任而唤起的责任感大大增强，又回过头来深深地感染着学校、感动着老师。

17

您竞选过“家长委员会”成员吗？谁是学校最得力的帮手？最权威的发言人？

校园内外，一墙之隔。老师家访走的路越长，校园与家园的距离越短；家长走进学校的日子越多，校园与家园的隔膜越少。此时，家长委员会也就应运而生，只是需要赋予它新的内涵，让它焕发新的生机。

“家委会”是由家长自主选举的产物。由家长们信任的富有责任感、公益心的五至九名家长代表组成；不设任期，可以调换；没有“权利清单”，随时能够委派“业务”；每学期至少一次向家长们述职述廉，接受家长们的监督与质询。

从教育主管部门来讲，“家委会”主要管理监督这些事情：

- 学校食堂食材供应

学校食堂里的米面油盐、肉鱼蛋奶、青菜萝卜等孩子们的“进口”食材的质量，食品加工制作过程的安全与卫生，作为学校食堂需要考虑的营养结构以及符合孩子特点的色香味等，都是最关系民意、最该强力监督的“第一要务”。

家长委员会的成员们为此倾注了满腔心血与满身汗水。他们东奔西走，比较鉴别，讨价还价；他们请教专家，不耻下问；他们查阅资料，熟悉政策；他们到田间地头探访“原产地”，监测土壤水质，见证打药施肥；他们到菜场超市观察“中转站”，记录工作流程，计算中间成本；他们召集家长开会讨论，与学校相关人员衔接沟通，找政府监管部门咨询，争取支持与帮助……终于，这个全社会都头疼的问题在校园里得到了较好解决。

● 学校超市经营

学校超市经营也是反映较多、令人头疼的事。起初学校多半考虑照顾某个“待业家属”，后来规模大了也向外招租。但不管起初还是后来，总有垄断暴利啊过期食品啊承包费低啊服务态度差啊有没有猫腻啊等等质疑之声不绝于耳，难得让人省心。要是老师家属承包经营，更是矛盾丛生，斯文扫地了。

家长委员会一合计，与校长一沟通，好办法呼之欲出——加盟品牌连锁超市。遗留问题当断即断——要有严守中立，各方都能接受的人来快刀斩乱麻，来开创新局面。不用说，家长委员会义不容辞、责无旁贷——担当，就是最强大的支持，最贴心的帮助。

● 学生校服订制

不知您听说过一句顺口溜没有：学校一收费，家长就皱眉，就如说人类一思考上帝就发笑一样地不假思索、脱口而出。是啊，在目前还不能对教育大包大揽的情况下，学校要办一些必要的好事，还没有什么高招，除了要家长理解支持也别无他法。巧妇难为无米之炊啊，况且好多事都是直接服务于孩子，让孩子受益。

就说这校服吧，绝不是有些不明就里的家长所说的那样——校长就是盯着那几个“回扣”吗？

在我看来，校服还是很有必要。学生统一着校服，能提醒孩子归属感荣誉感；孩子穿上校服那么神气，开口闭口“我们学校我们学校”，自然而然“我们学生我们学生”，那是一种光荣的责任担当，是一种潜移默化的行为自觉。

校服又是一种社会关爱的身份标识。孩子穿上校服上学放学，马路上警察叔叔一个标准动作，那飞驰而来的汽车立马立定，那晃晃悠悠的行人顿时让道；超市里老爷爷老奶奶慈祥地让学生娃们先买东西，早点回家做作业；公共汽车上大哥哥大姐姐自觉让座；两个素不相识的孩子一看对方跟自己一样的校服，马上亲切交流，省去好多生分。

当然反对之声也不绝于耳。但我的理念是，不能因为有不同声音而简单放弃。沟通啊，交流啊，让家长消除疑虑，让家长委员会全程参与：招标选厂，款型设计；价格商谈，质量把关；登记收款，交货结算；账务公开，接受审计。

“家委会”果然不负众望。重新洗牌后，入围的就是几个品牌厂家。科研能力、设计水平堪称一流，况且总量又大，合同时间又长，人家舍得花大气力来创立校服精品名牌。这不，厂家科研设计人员根据各学段孩子发育特点与速度，合理预留“成长空间”；根据各校校园文化特色，艺术设计着装风格；根据季节与环境情况，科学选择面料与色调。

令人欣慰的是，家长们十分认同。许多家长饶有兴致地帮着出主意当参谋，有的还默默无闻地资助家庭困难学生，为的是整个工作的圆满与每个孩子的自尊。在报告专项审计情况的家长会上，有家长即席总结出“四权出四好”——知情权、选择权、质询权、评议权；家长好、学生好、学校好、校长好。

这最后一“好”是校长补充的——不为摆不平关系而苦恼，不为被误解而伤心——能不再加上一个好吗？

这就好，有了威望就有了信任，有了信任就少了猜疑，少了猜疑就缩短了距离。心与心的距离缩短了，人与人的防范消除了，遇到问题困难、矛盾冲突，以及不理解、不协调、不周全、不完美等需要沟通协商的时候，大家才会带着诚意，面对现实，理性对话，冷静处理——比如我们前面所讲的校园安全问题、师生冲突问题等。

许多时候，同样一件事情，校长讲是一种反应，"家委会"说又是一个效果。这不，不少学校凡需要向广大家长征求意见、取得支持的工作，干脆让"家委会"来作为新闻发言人，由此让学校的想法变成家长们的意愿，老师的观点变成家长们的理念，由此来增强工作推动力，提高群众满意度。

校长们深有感触：好得力的帮手，好权威的发言人啊！厉害了，我的"家委会"！

进退知冷暖，聚散皆是缘。如今回想与许许多多家长朋友们朝夕相处、并肩合作的岁月，记忆犹新，念念不忘，心中的感激与敬重，仍然那么鲜活，那么真切。

18

您期盼过与孩子共同成长吗？学校开办“家长学校”，您可愿重返课堂？

家长们深有感触：过去随口说说，随意聊聊，倒也不觉得有多少不足，反正咋说也白说，海吹神聊也无妨；现在真要“上正席”，才知道自己确有欠缺。于是，家长们的学习动力被唤醒、被激发，“家长学校”呼之即出。

家长学校是家校之间形成良性互动的另一种有效方式。家长学校里，三个“板块”次第活跃，风生水起。

● 教育大讲堂

这是一个覆盖广、规格高、影响大的流动讲堂。“堂主”都是国内知名专家学者、名校校长，以及主流“网红”“大 V”。平时家长们都是通过电视、网络与之见面，多少有些仰视仰慕而且感觉遥不可及；而今就站在面前，可以提问、讨论甚至争论。

教育大讲堂，让流连忘返于阶梯教室、校园礼堂之内的专家学者，走进平凡百姓之中；让长在深闺人未识的高深理论，渗透于日常教学和家庭教育之中。单从这个意义上讲，就是一种新时代的教育启蒙，一种发展中的科学文化知识普及运动，就是一种真正功在当代、利在千秋的功德之举。

教育大讲坛，成为老师获取专业知识、职业技能的盛宴，成为家长认识孩子、教育孩子的宝典，成为学校、家庭共同的一种憧憬和向往，一种等待和期盼。

培根说知识就是力量，我看大讲堂给家长们带来的不仅是力量，还有智慧，并且是大智慧。这种智慧，并非深不可测、高不可攀，也许就是常识，现在得通过专家大智若愚、深入浅出的论证，才更能为家长所接受。

家长们多半是带着“问题”而来，特别是在互动环节，那个场面可真是热烈。比如说，为什么家长教育得越勤奋、说服得越充分，而孩子越反感、效果越糟糕？以前呢，家长自己在心里“打个折”——伟人、巨人一句能顶一万句，我凡人但我乃亲人，一万句难道顶一句都不能吗？做父母的谁还有二心？“总不是为了孩子好？”

为了孩子听进去，照着做，我就来个水滴石穿，绳锯木断，锲而不舍、金石可镂。“恒心架起通天路，执着推开智慧门！”可结果是，孩子干脆置之不理，扬长而去。

来到大讲坛一听，哦，这是心理学上的“超限效应”——如果外界刺激过多、过强或者时间过久，就会使人产生烦躁、厌恶甚至逆反心理——心理上已经远远地排斥。就像皮球一样，刚刚碰上就狠狠地弹回去了。还有听之行之之理乎？

对对，言之有理，果真如此。家长们连连感叹：“专家就是专家，难怪说闻道有先后、术业有专攻。”末了，来个网络语言——“涨姿势啦！”

还真是长知识了。以前，家长们一听学校心理老师要相约，“聊一聊孩子情况”，那个严肃、紧张、惊慌，想着孩子都有心理问题了，那还了得？心理问题不就是精神问题吗？精神问题不就是精神病、神经病吗？你们学校怎么搞的？我可是完完整整、正正常常的孩子交给你们的啊！

现在听学者细细分析，娓娓道来，哦，心理问题不等于就是精神病神经病。人人都可能在某个阶段出现心理问题，就像人人都有可能得个伤风感冒一样。心理老师与家长沟通沟通，与孩子交流交流，没什么大不了的。

只是我们都要重视孩子的心理健康。当好孩子的引路人，给孩子一个充满阳光的环境，一些释放压力的机会，而不是一个劲地拧螺丝、拧螺丝，拧得气喘吁吁、大汗淋漓；不是一个劲地压弹簧、压弹簧，压得筋疲力尽、油尽灯残。

以前一些总喜欢在家里埋怨单位、埋怨领导、埋怨父母、埋怨命运，具有极强批判精神的家长，现在都努力调整情绪，以健康向上的心态、轻松幽默的语境，营造家庭的“正能量”——专家称，这是给孩子一种“积极的心理暗示”。

教育大讲堂大大催生了教育学、心理学的普及，大大减少了老师、家长对孩子教育观念上的不合拍、不和谐，也给学校教育、家庭教育引进了许多科学的先进的理念与方法，促进了家庭、学校在更高层次上的合作与融合。

在此基础上，以前一直是教育系统内的教育学会、心理学会吸纳了一大批家长会员、社会名流会员，一个开放的、接地气的、有广泛群众基础的、活跃在广义的教育者之中的社会团体，走出书斋，走出围墙，走出象牙塔，走上学以致用、知行合一的广阔舞台。

● 家长论坛

家长论坛其实早有雏形——那就是“人脉社会”里大家热衷于评估价值、储存“资源”，以备急时之用的各种同学会、老乡会、驴友会的延伸——某校某班家长联谊会。联谊会嘛，在一起吃点饭、喝点酒、泡泡茶吧聊聊天。早些时候多半是有形的“聚会”，后来信息技术发达起来，QQ群、微信群更方便、更快捷，信息流更畅通，自由度更大，各班的“家长群”甚至相互攀比竞争，所形成的“舆论场”更为强烈，对社会、对学校、对老师的压力，也就更不可小视。

这实际上是一个不太规则、不太规范的“家长论坛”，是学校教育在家长心目中的一种直接反应，既是一面镜子，也是一扇窗口。

我一直关注着一些“家长群”。从一定意义上说，这就是未经修饰、未曾筛选的“社情民意”，至少其中能感受到一种气氛、一种情绪。

我发现在一些较活跃的“家长群”里，主要还是交流交流孩子的学习情况，探讨探讨孩子的教育经验，说说孩子的童年趣事，扯扯班上的掌故、老师的个性共性；“圈子”混熟后，往往聚焦于班级、学校管理、教学的种种缺点错误，以及沟通渠道不畅或者不受待见而产生的怨气、怒气。时间长了，就成了一个出气筒，甚至垃圾箱。

当然，也有家长想尽可能客观理性一些，但在某种氛围下，却显得笨口拙舌、理屈词穷而形单影只、势单力薄，反倒越是吹毛求疵、冷嘲热讽，越显得才思敏捷、才华横溢，越是应者云集，“人气”爆满。

我敢说，这个班级的科任老师特别是班主任，如果有幸光临这个班级的家长群，如果事先不调整呼吸、控制血压，真不能保证他能够经受住考验，真不能保证他不会把这种消极情绪转嫁到学生身上，或者果真消极怠工，得过且过。

倒不是老师们听不得批评，没半点风度，而是一些不实之词、“不白之冤”，着实让人急火攻心。不少良好初衷、善意愿望，被群里颠来倒去、颠三倒四一番，就完完全全地扭曲变味，彻彻底底地面目全非。

举一个例子：老师在课堂上安排学科成绩好些的学生“一对一”帮助学科成绩差点的，这本是增进学生交流、促进共同进步的好事。可在某个群里就成这样了：

“学生自己教自己，还上学校去找你？”

“我孩子帮你打工，你付劳务费吗？”

"我孩子老师教都不咋样，交给学生还会有救？"

"一年几个月假期收'委培生'赚得盆满钵满，现在一天几节课又无偿承包出去自己养精蓄锐，比奸商还厉害啊！"

还有一些更上不了台面的市井俚语、街头小骂充斥其中。

您说，这让大多数兢兢业业、勤勤恳恳教书育人的老师，能培养好心情、保持好状态吗？

为了我们的孩子在一个健康向上的环境里成长，有必要让各方都在一个彼此包容理解的基础上，顺畅地沟通。为此，我们创办了比较标准的"家长论坛"——

形式，向着正规化方向。线下，学校一学年两次：春季论坛，秋季论坛。评奖，颁证；优胜者推荐进入全市"家长论坛年会"，戴大红花，发"建言献策奖"；获奖作品汇编成册，堂堂皇皇跻身校长案头、老师书斋。

线上，选举产生的群主"抛砖引玉"，阶段性地提出课题，引导讨论。根据课题内容分解子课题，组成课题小组，深入探讨，为线下论坛推出高品质作品作铺垫、打基础。家长们一看，噢，咱们的旁门左道，还真的歪打正着登上了大雅之堂。啧啧，咱得好好修炼修炼，万不可贻笑大方，丢人现眼。

内容，向着原创性方向。既然期望论坛对学校教育有所启迪、有所帮助，那就引导以原创为主。他山之石搬运过来的渠道很多，我们真正需要的是针对自己学生、自己班级、自己学校的出谋献策。

由于有正式论坛，有专业评比，以前那种不假思索、信手拈来、鱼目混珠、似是而非、掐头去尾、东拼西凑的"教育鸡汤"比重大幅下降，而研究现实问题、身边问题、微观问题的论文、随笔、感言、段子明显增多，对学校、老师的启发、开导作用，当然更为明显。

风格，向着建设性方向。以前作为民间闲谈，倒也不必在意其风格；但作为家长学校的一个“板块”，论坛当然要有建设性，否则就失去了培育的必要与提升的价值。

引导建设性，并不是论坛不可以批评批判、指责斥责，而是既要发现问题，又要分析问题和解决问题；既要“破”，更要“立”；既要描述症状，更要对症下药，力争药到病除，还尽可能不采用激进疗法。建设性还要求，即便是描述症状，也要实事求是，精准严谨，不能大而化之，笼而统之——这就是科学态度和学术精神，也是一种与人为善和包容大度，乐于取人之长，善于补己之短。

● 书香万家

“家长学校”也是学校。既然是学校，老师就该指导学生读书——这是起码的常识。学校，就是读书的地方；学校回归本位无外乎回归安安静静的读书，成年人的精神生活之一也应该是安安静静的读书。

但现今这个常识似乎被忽略。在一个被“快餐物质”所控制、“快餐文化”主导思维、行为的年代，尽管倡导读书多年，建了文化品位极高的图书馆，书屋、驿站更是星罗棋布，又有多少成年人放下手机捧起书来呢？

关于教育孩子的层次，有一种大家比较能接受的说法：一流家长做榜样，二流家长做陪练，三流家长做保姆。我们推崇家长读书，不是一定要求每个家长都成为学者、专家，但至少都要有读书的兴趣，读书的爱好，读书的习惯；做一个读书的榜样，营造一个读书的氛围。对，对孩子而言，榜样与氛围，其实比读书的质量、读书的效果更为重要，更具深远的影响。

经历过物质极度贫乏、书籍也十分罕见年代的我们这一代人，都有着对书籍的特别珍爱，对读书机会的特别珍惜，对读书时光的特别怀念与回味——晚饭后，一家人围坐一起，各自读书。灯光柔曼，书香浮动；时光静流，岁月静好。偶有书页轻翻，抬头相视莞尔——那才是旷世的幸福！

这个最温馨、最美好的画面，将永远定格、永远铭刻在孩子们的心灵深处！在这样的氛围下，父母、孩子，都在与大师对话，与巨人交流；精神在洗礼，灵魂在净化；情感在激荡，境界在升华。

在这样一种氛围里读书的孩子无疑是幸运的、幸福的。教育部门义不容辞地承担起“书香万家”推荐书目之职责。除了有关部门已有的规定书目外，更多地向人文、艺术、体育、教育倾斜——这，出乎意料而又在情理之中地得到几乎所有人的赞同。

有专家把读书分为三个目的：实用、消遣与精神生活。当然有的时候三者可以融合。但我们着力推崇的还是精神生活层面的。

当下教育，最缺乏的不是实用的技术、消遣的心境，而是一个人、一个民族最有核心竞争力的文化精神。

联合国的一个调查报告显示：全世界人均拥有书籍数、人均读书量均为第一的国家，竟是一直战乱频繁的以色列！当我们上一代在国泰民安中，从电视上隔岸观火评述那从未宁静过的中东局势的时候，人家在战火中读书；当我们下一代在歌舞升平里，在手机客户端讨论中东局势对油价影响几何的时候，人家还在硝烟中读书。

一个曾经连祖国都难有立足之地的民族，不仅为人类贡献了《圣经》，贡献了爱因斯坦、弗洛伊德、卓别林、洛克菲勒、索罗斯，而且在饥饿困苦中，奇迹般地在科技、军事、现代农业特别是教育领域，取得举世瞩目的巨大成就，继续为人类文明做出巨大贡献。

一般人只知道以色列人善于经商，殊不知以色列素有“书的民族”、“智慧民族”之称。我读过一本《世界上最成功的教育》，确实有一种震撼的感觉。潜心读书，刻苦钻研；崇尚创新，注重实践；立足长远未来，舍得投资教育，从小就培养孩子的危机意识和独立精神。

智慧与成功，从来不是与生俱来。从教育角度看，视读书为信仰，才是智慧与成功之源，我钦佩这个至高境界。

“家长学校”最受欢迎的就是这三个“板块”。看得出，我们的家长学校并非教家长具体的知识技能——那是他们当年的老师的职责所在；现在教的却比当年的重要得多——观念、方法、眼光、境界，这些对孩子教育更具本质意义与持续价值。我不提倡家长与孩子一道“跟车滚水”“跟班重学”学科知识——虽然我依然十分钦佩。此其一。

其二，“家长学校”并非“教室上课”我讲你听，我问你答，而是适应特点，搭建平台，引进高端和前沿，注重实际消化吸收。在开放开明的“校风”和自主自由的“校规”中，追求具有内生动力与生命活力的进步和发展。

其三，“家长学校”更多的是一种交流、探讨，自我修为与整体提升。其意义和价值不仅在于对家庭教育氛围的积极营造，更在于对我们一直为之困扰的社会环境的优化改善。因为“目前”的家长，既是社会的中坚力量，可以引领社会风尚，又是学校接触最多的“人民”，能够代表人民声音；既是与学校教育、家庭教育并行的社会教育的环境改善者，又是学校关切社会反映、回应社会需要的代言人。

这是另一种教学相长、相得益彰：一起进步，共同成长。成功的家长学校，将是您的期待、您的所爱。

19

您理想的教育是立竿见影还是“长线慢牛”？什么才是孩子有质量可持续的成长？

“家校携手共同成长”教育实验，初心是立足本地实际，充分考虑地域文化特征、家长特点、学生现状、社区环境，在实践中探索教育自身规律和人才成长规律，把前沿引领、适当超前与循序渐进、逐步深化相结合；学校家庭同心协力，共同寻找适合目前在校学生教育的基本理念、培养预期、方式方法、评估体系；在现行人才选拔制度与社会评价标准框架下，尽可能为孩子们愉快有效地学习、健康全面地成长，营造一种小气候，创造一个小环境。实验的目的也是建立在“源于生活、高于生活”的基础之上的——高效率教育，慢节奏成长。

教育高效率，成长慢节奏，是为给孩子自由呼吸、自主发展的空间、时间。人生是一场需要耐力的马拉松，不一定要先抢跑道，更不一定要过早冲刺。春天开花，秋天结果；越有韧劲，越是沉甸甸的丰硕；越往前行，越是美丽的风景——只要方向对头、方法对路。

高效率教育，是指作为教育者一方的老师、家长、学校、社会，以对自己负责、对孩子负责、对社会负责相统一的精神，十分关注并践行于自身的修为与成长，十分重视并致力于相互间的协同与提升，尽最大努力在与时俱进的新高度上，缩短距离，降低内耗，简化繁琐，减少干扰，消除紊乱，提高效率。

为了表达得形象一点，我用一个微观的课堂教学例子，来做一点“延伸阅读”吧——

早自习，英语老师早早等候在教室：“早上记忆力好，最适合朗读英语。”

马不停蹄上课了。可遇到语文老师“拖堂”：“反正下节课不是文化课。”

中午难得休整一下，数学老师进班：“数学是最基础学科，解题灵感是练出来的——所谓灵感，长期积累偶然得之是也。”

下午，困倦中复课。物理老师语重心长：“物理其实不难学，只是功夫未到家——只要功夫真，铁杆磨成针。”

最后一节课，化学老师激将了：“化学好争分，丢了才白混。”

晚自习本该“自己学习”。可各科老师轮番视察，拳拳之心、殷殷之情，令孩子不努力学好对应学科就不忍心、难为情。孩子们只得轮番请出对应学科练习册，作心无旁骛“忠诚履职”状。

一天下来，疲于应付，身心交瘁。本想摆脱一下压抑，排解一下困扰，可环顾左右，仰俯上下，哪里都找不到出口——没有哪一个老师不是心存善念，言之有理；没有哪一个学科单独给你增加了多少负担。

结果就是，孩子诚惶诚恐，手足无措，气不敢大出，头不敢昂起，连伸展运动、扩胸运动的空间都被挤压在好心好意的包围裹挟之中。由此就造成了教育的低效率。

再说成长慢节奏。一般而言，对应高效率的标配、绝配就是快节奏啊，为什么我们不追求快节奏成长呢？

这得从文化背景、学校现状、家长预期来分析。现实状况是，上述哪一方面都是急不可耐、迫不及待的焦躁心态，恨不得孩子一夜之间、瞬息之间，完成从奴隶到将军的时空穿越，从丑小鸭到白天鹅的华丽转身。省去所有过程、所有经历、所有等待、所有回望，遥遥领先于同行者，高高耸立于领奖台上。

文化背景如此，家长老师这般。全社会这种急功近利、急于求成，造就出的以高智商、高科技欺骗老师、残害同学的“天之骄子”已远非个别。如果我们还在那里推波助澜、火上浇油，岂不是助纣为虐、为虎作伥吗？如果这样，我们的教育是善举、还是恶行？我们的教育是福荫于江山还是祸害于社稷呢？

我们一开始做这个实验就开宗明义：尊重人才成长规律。人的成长也如其他生物的成长一样：靠激素增高催产、靠人工拔苗助长，要么变种为其他，要么生长出怪异。

人的成长从某种意义上讲，就是积累与历练，就是扬弃与飞跃。就纵向而言，必然是波浪形螺旋式阶段性——一个阶段有一个阶段成长的优势；就横向来说，一定不会面面俱到、齐头并进，而是有先有后、有短有长——不同环境适宜不同要素的发育。

这种成长，必定会经历时间雕塑，岁月打磨。沉淀，盘旋；反复，整固；沉寂，活跃；量变，质变；平衡，运动，起飞。如此上升到一个又一个高度，继而完成一个有扎实基础、有深厚底蕴、有内生动力、有充足后劲的成长——就如同我们今天所追求的经济增长一样。

您说，这样以质取胜的成长，能一蹴而就、一触即发、一帆风顺、一气呵成吗？

以质取胜的成长，慢节奏未必一定能成，但快节奏一定成就不了。十年树木，百年树人；树大才会根深，根深才能叶茂。“速生林”、“经济林”，只吸收表层养分，只追求一夜成林，其结果只能是欲速则不达；而真正的栋梁之材，一定是根植土地深处，吸天地之灵气，养浩然之大气；不疾不徐，不骄不躁；水到自然渠成，功成自然名就。

作为老师、家长，我们需要足够的耐心、恒心，静待鲜花盛开，大树参天。

● 孩子，不再是学校、家庭“齐抓共管”的“第三方”

做这个实验的动因，是为了提高教育效率——受“高效课堂”的触发。这种改革，确实在一定程度上解放了学生的部分可支配时间，学生有一种如释重负的感觉。

但慢慢我就发现，通过高效课堂改革腾出来的那点时间，很快就被新的课业负担所覆盖。看来单兵独进解决不了根本问题，必须作为系统工程“综合治理”。以什么为“抓手”呢——对不起，这里有点像报告了——我觉得还是“效率”——宁可教育者多花工夫，也要让孩子们有一个正常的学习状态。

我与孩子们聊天。“总觉得你们大人在联手整我们，你们花那么多心思，就是要把我们时间占满，精力榨干，脑筋用完。”孩子们如是说。

是啊，当我们有的老师家长在那里连孩子上厕所的时间都精确计算的时候，当“一个白脸、一个红脸”用大人的心眼对付孩子还自鸣得意的时候，让我们想想孩子那双清澈透明的眼睛吧！透过孩子们无奈的抱怨，我看到了他们内心的抵触与排斥。

好心好意，怎么弄成这样子呢？家长与老师，家长与孩子，老师与孩子，大家目标很明确、“利益”很一致啊！但是，在彼此感情上观念上都有距离的时候，即便十分刻意地去沟通，也许作用不大甚至越盘越复杂。我们既然口口声声为孩子着想，孩子为什么并不领情呢？我们日日夜夜为孩子操劳，孩子为什么并不“感恩”呢？果真养了一群“白眼狼”吗？

当然需要沟通。但我们今天的沟通，必须建立在大家对教育科学的理解、思考之上，建立在思想观念、思维方式、评价标准基本趋同的基础之上。

于是，就有了家校互访，有了教育大讲堂、家长论坛、书香万家，有了“成长印象”，有了家长委员会。当这些相互衔接、相互补充、相互影响、相互促进到达某个高度的时候，沟通的意义作用效果也就出来了。

这不，孩子们现在就感觉出：“我，不是你们之外的‘第三方’——我们一起学习，我们一起成长。我深深地知道，你们的成长，是为了我的成长；你们的成长，是伴随我的成长。”

孩子们回归到安静读书，潜心思考，培育能力，愉悦身心，仰望星空，脚踏实地；回归到正常的成长状态；回归到适度的节奏之中。孩子们真实地表达喜怒哀乐，真实地表现悲欢离合，真实地展示进退起伏，真实地评论是非曲直。

真实，既是孩子们最珍贵的品质，又是教育最基本的要求。于是，作文里少了上学路上经常有钱可捡的幸运；少了考试那天总有晕倒老人需要送医院的纠结；少了那些不得已编出的好人好事、不得不拔高的心理活动；于是，孩子们少了本不属于这个年龄的所谓的成熟、心机、世故、敌对；少了视同学为竞争对手的冷冰冷血；少了对家长老师的防范、恐惧，心灵封闭，冷眼漠视。家长老师越不“刺探情报”，孩子越能敞开心扉；家长老师越给予尊重与理解，孩子越是聪明伶俐，通情达理。

在家长老师眼里，每一棵树都是独特的个体；在孩子心中，每一根草都是尊严的存在。没有谁比谁高贵，没有谁比谁卑微。

最难能可贵的是，孩子们在与他人和睦相处的同时，自觉地接受自己，自觉地追求做最好的自己。是啊，做最好的自己，做最有价值的自己，做一直努力在路上、一直完美在其中的自己。

我们的教育，不正是追求每一棵树的伟岸、每一朵花的绚烂吗？

孩子们自我意识唤醒，自我动能激活，自我认知、自我审视能力渐渐显现。而家长总是担心的孩子会不会感恩、老师总是忧虑的孩子能不能合作等等，似乎是“独生子女”与生俱来的免疫力缺乏症，倒也没有流行、传染开来。

相反，孩子们对自我发展有了自己的思考、自己的设计——稚嫩，但充满童趣；天真，但富有想象。以前学业成绩不怎么冒尖的同学，报个中等职业学校总是偷偷摸摸、躲躲闪闪，别人或许并不在意，自己顿觉矮了三分；现在呢，“我喜欢，我愿意”，就是回应所有“为什么”的“标准答案”——再高大上的策划，没有我灵巧双手的拨动，还不是废纸一张吗？

教育是一种唤醒，一种欣赏——当孩子唤醒了内心，发现了自己，展示了自己，认知了自己也开始欣赏自己的时候；当孩子们与我们老师、家长心心相印、心有灵犀，阳光开朗、优雅自信，一起迈开脚步走向未来的时候；所有的付出，所有的等待，所有的殷切与温暖，都凝聚在这会意的对视与传神的回望之中。

- 家长，视角决定视野，眼界决定境界

随着家校联系的密切，家校沟通的深入，我们日益感受到家长对孩子教育的焦虑与担忧，更日益感受到这种焦虑与担忧往往直接聚焦在分数上——更准确地说是应试学科的分数。哪怕孩子正常的分数波动，都会使望子成龙心切、容不得半点风险的家长夜不能寐。一家人的饮食起居、喜怒哀乐，都被分数所控制、所绑架。

家长学校开展类似的讨论：责任心一定就是忧心忡忡吗？孩子的成长一定就伴随家长的战战兢兢吗？如果说教育本就是如此沉重不已、如此疲惫不堪的话，那教育的价值又在哪里呢？如果说家庭教育就是放弃成熟而推出稚嫩的代际传递的话，那社会不就只有投入而没有产出？那教育的终极目标到底是什么呢？如果家长只有承担巨大的压力甚至牺牲自己的价值才能换取孩子分数的话，那这个分数的意义又在哪里呢？

况且，家长没日没夜地处于焦虑与担忧之中，是能为孩子营造一个适宜的氛围？还是能为孩子预示一个美好的未来呢？如果孩子毫无悬念地看到今天的父母就是明天的自己，他还有成长的动力与活力吗？

所以，只有通过科学的方法，传导科学的理念，来引导家长，调整视角，开阔眼界：别让幸福的陪伴，成为遥遥无期的应付；别让温暖的守望，成为度日如年的重复。

过度的关注，其实是一种威逼；过分的在意，反而令人麻木。与其倾注所有，不如适当放手；与其掏心掏肺，不如心领神会。重要的不是把全部人生押在孩子身上，而是让自己活得欣欣向荣蒸蒸日上。做一个充满精气神、充满正能量的人生榜样，永不放弃自己的成长。这，才是教育孩子的王牌、孩子教育的王道。

正常的孩子教育，并不以牺牲父母的发展为代价；陪伴与守望，并不需要占有父母的全部时间和空间。

现在困扰家长的所有问题中，最突出的恐怕就是分身乏术与力不从心。通过家长学校的潜心学习，通过家校间的深度融合，我们减少了力量抵消，消除了互不信任，找到了少走弯路的捷径——对，少走弯路，就是捷径。

以欣赏的目光看自己的孩子，是温暖的；把自己的焦虑传染给孩子，是愚蠢的；把外界的不如意转嫁给孩子，更是愚不可及。不要急于结束这令人流连忘返的旅程，我们要慢慢回味、静静享受这个守望的日子。

● 老师，你若分享，便是晴天

“家校携手，共同成长”的教育实验，前所未有地把孩子、家长、老师和学校紧紧地联系在一起，深深地融合在一起。

老师的最大困惑、最大孤独，是在琐碎繁杂、艰难反复的教育过程中的孤军作战。没人见证，没人理睬；没人同情，没人回应；也没有人为你喝彩！付出有了收获，没人发自内心的感恩；奉献打了水漂，没人给个安慰。

甚至有老师固执地认为，现在的家长、学生都被污染成“橡皮脑袋”——感动不了、感化不了，久而久之，觉得再大的付出、再多的奉献“也就那么一回事”。空有那一片丹心、一腔赤诚，自己都难以说服自己一如既往、矢志不渝。

有民间智者出来说话了：“老师怪罪于家长，家长不领情于老师，其实都是因为缺乏一种博大的爱、一种宽广的包容。”在一个“家长群”里看到这个留言时，我被深深地折服。

是啊，原来一直关注于受教育者的脱颖而出，现在该致力于教育者自身的化蛹成蝶——我们自己的自我审视、自我调整、自我完美与自我成长！

老师感慨——我没有理由不让自己优秀完美。在孩子心里，我就是人生导师；在家长眼里，我就是社会精英。看到孩子们模仿我的姿势、克隆我的腔调，甚至依葫芦画瓢模仿我的某些缺陷的时候，我觉得最对不起孩子的就是自己还不够优秀；看到家长们自然流露的毕恭毕敬的礼貌和刻意的遣词造句的郑重，甚至无限拔高自家孩子的老师并以之为骄傲的时候，我最强烈的心愿就是尽我全能完美自己，否则我就会辜负那些敬重与景仰。这个实验唤醒了老师沉睡的自我成长意识，胜过多少空洞的说教和刻板的灌输。

老师感动——我没有理由让一个孩子掉队。以前在一个大教室里，就是一群孩子嘛，感觉都差不多。后来走到他们中间，特别是走进他们的家庭，触摸那一个个鲜活的内心世界，融入那一片片湿润的生长土壤，真的让人对孩子、对家长肃然起敬！每一个孩子都是一个令人感动的故事，他们心灵深处的那种淳朴、那种上进、那种执着、那种对老师的崇拜与包容，让你不得不扪心自问："我能亵渎一个清纯的灵魂吗？"

所以，在我眼里，他们不再是一群孩子，而是一个个有着丰富生命内涵的独特个体。每一个孩子都值得温暖的目光相伴，都应该成长在明媚阳光下、和煦的春风里。

走进每一个家庭，都让人有回到家里与亲人团聚的感觉。家长们那种厚道、那种朴实，为人着想甚至开脱的善良，令人羞愧；刹那间你强烈自责、强烈需要补偿所有没受重视的孩子，唯此才心安，才敢于坦然面对所有的家长——传统教育思想的"有教无类"、现代教育方针的"全体孩子的全面发展"，就在这心灵洗礼、头脑净化中，悄然成为自觉、成为必然。

老师感悟——"职业倦怠"我再也说不出口。不知什么时候开始，"职业倦怠"成了我日渐消沉、自甘平庸的托词：十几年、几十年每天重复昨天的故事，每年翻着泛黄的教案，是陈酿老酒也都寡淡如水了，哪能唤起经久不衰的澎湃激情？

自从与家长深入坦诚交流之后，才真正认识到，原来所有普通人都是这样平静而充实地生活着。生活原本就这么平淡而琐碎，有时甚至艰辛和无奈。哪里能天天都光鲜、年年都惊艳呢？为什么人家那么珍惜、那么有滋有味呢？

有什么地方比得上校园啊，童心纯净，青春葱茏；众星捧月，众望所归；生机勃勃，阳光灿灿！太阳下最光辉的职业，千家万户托付最美希望与未来的事业，我都"倦怠"，我还平庸！心何以忍，情何以堪！

是啊，有人说幸福是比出来的——关键看与谁比、怎么比。与多少默默无闻、任劳任怨一辈子的比较，老师从来不是寂寞独行，从来都浸润在殷切的期待下、真情的感念中，从来不是无人喝彩、无人分享。

当年的春节晚会上，一首出自乡村小学教师之手的配乐诗朗诵，感动了无数家长，引起社会强烈共鸣——

“当第一滴春雨滋润了冰封的泥土，当第一缕春风唤醒了沉睡的太阳，我们肩负着神圣的使命，追逐着美好的理想，走在家访的路上。

“你是否曾耐心等待一朵小花坚强的绽放，你是否悉心倾听一粒种子破土的脆响？和孩子们一道，用微笑去化解迷茫，让自信去成就梦想。

“轻轻地挥挥手，不说再见，我们披星戴月，我们风雨兼程，爱与求索相伴你我，一直在路上。

“这条路虽然很长，但最美的风景，就在路的前方——那里，是你我的成长，你我的荣光。”

● 学校，通畅——舒畅——顺畅

中医有个基本定律，叫痛则不通，通则不痛。意思是说，身体之疼痛，缘于经络之不畅通；一旦经络畅通，身体也就不再疼痛。困扰学校、家长、社会的那些“痛点”、那些“疼处”，其实并非无药可治、无可救药，关键是要“通”！

沟通渠道畅通，就有信息、意见、建议表达、交流、切磋、反馈的通畅；就会在第一时间知晓实情，消除疑虑，化解误会；就会在各方不抱成见、不带情绪时充分讨论利弊得失，修正完善办法措施，从而让大家心甘情愿、心情舒畅地给予支持与帮助；方方面面相互理解相互认同了，那么，学校工作就会顺风顺水、一路顺畅。因为，学校、家庭、社会，都是为了孩子成长——这个永远都是牢不可破、坚不可摧的前提与基石。

沟通的通畅，帮助学校教育走出“碎片化”的困境。本来学校都有明确的教育方针，科学的教育大纲，完善的管理办法，但在单打独斗的圈圈内始终形成不了合力，达不到应有的效果；家长呢，你再排斥，我们也不会坐视不管你的所作所为。

意见是有的，建议是多的，你听不听我照提不误，你改不改我不厌其烦，你如若置之不理，我自有办法让你脸上无光——你知识分子不最讲究什么面子吗？网上舆情一炒，你必须甘拜下风——七嘴八舌，众说纷纭，你还不知听谁的，才能平息“社情民意”。

这种貌似有理的碎片化主张，其实大多缺乏大局观念、系统思维，充其量只是原始素材罢了。

更令人哭笑不得的是，您采纳了照办了，而出现了明显的失误，却没有人会包容，没有人会谅解，更没有人会自责。大街小巷、满朝文武，几乎都是“事后诸葛亮”。

所以，学校多少有些被“大众”左右而头痛医头，但如果医到“脚”上了呢？任何“大众”都不承担后果。信息公开透明，让大家心平气和，条分缕析，还越来越尊重教育规律、越来越遵从大纲与规则了——教育，本来就是教育科学、教育艺术嘛！

学校，不再被“应急”、“消防”所困扰、所牵制。在学校、家庭缺乏信赖的时候，家校之间，任何一个小的分歧，都有可能酿出大的事端；任何一个偶然，都有可能引发不可预知的后果。分班、派座位、选班干部、选课代表、调整老师、安排作息时间、春游、看电影、打扫卫生、值班、实验课、体育课测试、兴趣小组、特长培训、学生之间的矛盾纠纷……都蕴含未知的风险，防不胜防。只要其中自然形成“两方”，那必然没有悬念舆论一边倒，气往一头出。

自打家校畅通通畅之后，很少看到那种不计后果的意气用事，倒是自然而然想到，唇齿相依的家校之间，真用不着摆出那种“心理战”的架势，有了分歧充分协商，立足于找到大家基本接受的办法或者方案。

最让学校感动的是，遇到特殊时候，就有家长“见义勇为”，就有家长委员会出场“解围”——学校倒不是因此解脱，而是因为有人理解、有人分担——如果说，老师最希望的是有人分享的话，那么学校最希望的就是有人分担。

这种分担，不仅是时间、精力，更重要的是心情、心境。学校因排除干扰，受到信赖与尊重，而处于良好的运行状态之中，用一种好心情、好心境，来履行学校应有的职责，营造学校应有的氛围，受益的终究还是老师、孩子、家长。

畅通则舒畅，舒畅则顺畅。形式内容，一通百通。学校，正在成长为全社会所期待的那样：知识的殿堂，科学的宝库；文明的源头，人才的摇篮。

D篇

多　元　教　育

多元教育，是根据哈佛大学心理发展学家霍华德·加德纳多元智能理论而延伸的一种现代教育理念。

1983年，基于对人类潜能的大量实验研究，加纳德首次提出多元智能并对此进行了深入分析。他认为，所谓智能，就是人在特定情景中解决问题并有所创造的能力。这种能力主要表现在九个方面：即语言智能、逻辑-数理智能、空间智能、运动智能、音乐智能、人际交往智能、内省智能、自然探索智能、存在智能。

下面，我们将“引进”基于这个理论所形成的多元教育理念，结合家长朋友在孩子教育中的一些焦躁、困惑、疑虑、纠结，来分析现实情况，研究解决实际问题。

20

要真正认识自己的孩子，您能否底气十足地确认并呵护孩子的与众不同？

为什么那么多现代教育理念，我非要选择多元教育理念来与我们家长分享呢？

这是因为，作为孩子家长特别是父母，如果对这个理念有一个比较透彻的理解，会在理论上消除许多盲人摸象，在心理上减少许多杞人忧天；我之所以高度认同这个理念并“引进”本书——您知道，本书不怎么引经据典——是因为，伴随着现代科学技术的突飞猛进，特别是信息技术、人工智能的井喷式发展，伴随着我国人才评价标准、人才选拔制度的进步，特别是高考制度的改革，多元教育必将成为新时代的新趋势、新动能、新气象。

这与本书的立足点、着眼点都是一以贯之、一脉相承的。我们都基于以下四个前提，来研究、分析、设计孩子教育问题：

- 基于孩子教育的基本理念与方法

也就是说，我们是在一个中观层面上，在理念与方法上讨论问题以达成共识，而不是在微观层面编制出具体的“拿来即用”的“操作细则”——尽管家长您希望的还是后者——但客观讲，如果有谁弄出这个方案，也一定十分不靠谱。

为什么呢？因为孩子教育与成人管理大不一样。虽然都是面对鲜活的生命、活跃的大脑，但孩子的可塑性更强，变化性更大，发展前景更为多元，不可预测因素更多。因此，应该采用更柔性、更持续的适应性方法。这是从孩子教育的共性而言。

从孩子教育的个性来讲，每个孩子的先天基因、孕育土壤、家庭氛围、父母素质、生长环境等塑造性格特征的诸多因素大相径庭，其特点的高度个性化，必然要求教育方法的针对性。这就是多元教育理念的特长智能教育，也可以理解为个性化的因材施教。

几个因素的叠加，决定了孩子教育难有“精确配置”的现成药方。如果一味迷信且追求简单实惠、方便管用，就如江湖游医摇唇鼓舌、声嘶力竭所吹嘘“祖传秘方、包治百病”一样的荒唐。

如果消除浮躁心态，克服急功近利，把陪伴孩子成长过程当做一份幸福的烦恼，那么，您一定不会像古代皇上求“长生不老神丹”一样，枉费心思去寻找“秘籍大全”，而是安安静静、平平和和研读几本娓娓道来、不事张扬的书籍，理解、掌握一些科学的理念、合适的方法，在精心的陪伴过程中体会、感悟孩子最具个性的特点，因人制宜，因势利导。

- 基于只能适应的现实框架

一位政治家总结他发展比较顺利的“秘诀”是：以勇气改变那些可以改变的，以韧性接受那些不可以改变的，以智慧区别哪些可以改变而哪些不可改变。我认为这是一种积极而务实的人生态度，即尽我所能又不自以为无所不能。

根据社会需要，孩子本该是多元发展——这也是多元教育理念的现实基础。但当下，并非能完美提供这个机制、这个空间。所以我们还得把先进科学理念放在客观现实中予以考量，在认准大趋势的同时，把握其发展的环境与实施的节奏。

教育政策是一个系统。教育的一些问题，并不是大家司空见惯，熟视无睹；也不是管理层视而不见，拖泥带水；而是涉及面太广，各种矛盾纠集缠绕，牵一发而动全身。一个规则的变化，会关系千千万万孩子的前途、命运。所以权衡再三，慎之又慎，这正是一种高度负责，而非不敢担当。

比如说与孩子教育关联度最高的高考制度吧，改革完善一定势在必行，这个毋庸置疑，但究竟怎么改革却绝非易事。对一个举国上下一致公认最显公平、最具公信力的人才选拔制度“动刀子”，同时设计推出较之前面更为科学的政策安排，恐怕也只能像现在这样稳扎稳打，步步为营，和风细雨，循序渐进。

以高校自主招生为例。初衷挺好，造势很猛，配套文件一大堆，选拔奇才偏才怪才也就是某个方面的天才，公众都能理解；但一旦权力寻租，金钱绑架，带给老百姓的就是东奔西跑，不仅伤财而且伤心；带给管理层的就是威信扫地，颜面伤尽，社会评价降至冰点。所以说政策制度难有绝对正确，只看其根本目标达到与否。至于利弊得失，只能是“两害相权取其轻”罢了。

我们讨论孩子教育，只能在国家人才选拔制度的框架内——包括正在进行和将要进行的改革完善。我的观点是，孩子既要实实在在地发展成长，也要顺顺利利地通过“认证”，谁家的孩子都不可以作为“新思想”、“新观念”的试验品。对每一个孩子负责，对每一个家庭负责，就只能在适应的框架内讨论、寻找和选择，而不能以西化理想化等遥不可及尚未成型的构想，来作为背景和条件。

为什么呢？您也知道，现在对教育的批评不绝于耳，全盘否定、扬言推倒重来的呐喊也颇有回声。但是，砸碎一部旧机器仅有愤怒与暴力就足够，而哪怕只是设计制造一个新部件，却需要太多的智慧和心血。

- 基于多数普通家庭“人才级”孩子的成长

前面我说过，在我眼里孩子只有“天才”、“人才”两大类。“天才”太少，可遇不可求；普通家庭太多，举目四顾，毕竟大都是寻常百姓。

对于“天才”孩子而言，因为珍稀珍贵，太引人注目，所以家长用不着这么多焦虑，这么多不足为外人道的人心惶惶、忧心忡忡——他们的烦恼也不足为外人道，说出来除了让人产生羡慕嫉妒恨之外，再就是卖弄与炫耀。

相对普通家庭而言，那些手眼通天的“超常”家长，再多的政策制度规则都不足为惧，总有“破解”或者“变通”的办法：要么通过“特别通道”堂而皇之登堂入室；要么直飞欧美，挥挥手告别普通人家不可逾越的独木桥、单行道。反正万恶的资本主义把教育作为“开放性”产业——用第三世界“国际学生”的“份子钱”，来支撑第一世界的高福利——教人除了脾气，就是眼泪！

当然也有普通家庭精打细算、省吃俭用，送孩子出国——这个问题在后面专门讨论。该不该送、什么时候送比较好，也大有学问。即便如此，也有一个适应国内教育的问题，只是时间缩短一点而已。家长您怎么都不会让孩子到国外上小学吧？

- **基于对孩子公允的评估，足够理性地树立自信与乐观**

此前，或许您对孩子“智商”作过一些测试，为越不过 100 而黯然；或许您以“情商”弥补来自慰；但内心深处仍然还是纠结——对自己孩子前程担忧的纠结。

但多元教育理念告诉我们，孩子都具有优秀的智能，都拥有美好的未来，并非只有传统意义上以逻辑-数理和语文为核心的智力优秀的孩子，才能成为“杰出人才”。孩子只有“才向”、“才级”的不同——这两个词是我生造的，谓之“才能的方向、品级”也——没有整体智能的高低优劣。

只是我们家长特别是父母，要善于发现、挖掘这些智能，善于引导、帮助孩子规划未来职业发展，不能简单地凭学科成绩甚至单一的分数，来评估孩子的才智，过早地悲观丧气，自我放弃广阔的发展空间。

只是我们老师要善于培育、提升这些智能，关注学生的差异，善待学生的差异，根据学生的差异实施多样化、差异化教育，促进学生潜能的开发，成就学生的优质发展。

从理论上解开这个纠结，从理性上树立对孩子教育的自信和乐观，对我们实施有效的教育，意义非常重要。对大多数普通家庭、“人才级”孩子来说，没有什么比自主、自信、自立、自强对成长更有价值。因为启蒙教育、基础教育、“打底”教育、继续教育，甚至一辈子的所有教育，说到底都是自我学习与完美，都需要自身的动能与活力。

现在您应该踏实一些了：父母对孩子自信乐观的评估与预期，并不是建立在以感情为核心的爱屋及乌，而是以教育科学为基础的足够理性——我们真的不用那么焦躁、困惑、疑虑、纠结。

包括下面一些您所关心的问题，其实并不需要弄得那么沉重、那么严重。毕竟，陪伴孩子成长，与孩子一起成长，是一件幸福的事情；最值得期待、最值得回味。

21

实现教育均衡发展不会指日可待，您还会费心伤神为孩子择校择班吗？

我做过一个问卷调查，下面是家长有代表性的回答：

——您认为孩子需要择校择班吗？

“当然需要。水往低处流，人往高处走；从师不高，出师不妙。这还用说？”

“未必吧，是金子在哪里都会闪光。好多大师、大款并非出自名校。”

——您认为孩子什么时候择校择班好呢？

“肯定越早越好啊，我家孩子上幼儿园就接受国际教育。”

“不一定吧，孩子小能懂多少呢？非名校老师难道低年级都不会教吗？孩子大一点再转呗。”

——您孩子会选择多有名的学校呢？

“除了实在上不了的国外、市外的名校之外，就是要上本城、本市顶级的。”

“差不多就行吧！咱宁做鸡头，不做凤尾。”

您说，这些回答都有道理吧？至少部分有道理，有一定道理。

现在，我们先分析：为什么要择校择班？

答案简单明了：因为学校之间事实上存在差距，而且差距不小。

笼统讲没有说服力。那我们就从差距构成要素聊起吧。

● 校园校舍

这恐怕是一眼所见的第一感觉。家长也好，孩子也好，谁不希望自己的学校高高大大、光光鲜鲜、漂漂亮亮、清清爽爽？谁不愿在一个环境宜人、风景如画的校园里好心情、高效率地学习生活？谁不想在别人羡慕赞许的目光里，气宇轩昂地走进自己为之自豪的校园？

童年、少年，人生最纯真的年华、人生最珍贵的记忆，都与校园的阳光雨露、红花绿草相依相伴、密切相连。校园校舍，是学习的物质条件，营造读书的氛围，培养素质教化习惯的环境。

这些年随着国家对教育特别是义务教育投入的大幅度增加，校园校舍条件都大为改善：在一线城市，即便由于寸土寸金而扩张受限，但也在最大可能的情况下，改善了学校的硬件条件；在边远山区，当您顺着蜿蜒起伏的盘山公路一路欣赏沿途风景的时候，万绿丛中，最令人赏心悦目的就是那清纯脱俗的校园校舍。您一刹那感受到文明的高贵，看到未来的希望。

如果放在海拔相差数千米的范围内比较，校园校舍有很大差别，但就某个区域而言，这种差距已经不大，并且还会越来越小——因为这个短期都可以办到。也就是说，凭校园校舍条件之高低来选择学校，已经或将要没有必要。

● 设施设备

这个当然很重要。读书在今天，已远非一室、一桌、一凳、一黑板、一教鞭、一老师即可开讲的年代。现在许多学校都已经非常看重教育设施设备的投入与配备。体育馆、艺术馆、实验室、手工坊、梦工厂、咖啡屋、面包店，纷纷登上大雅之堂，成为可与教学大楼平分秋色甚至更胜一筹的一道风景——规模、体量、格调、使用频率、受欢迎程度，都与教学大楼齐头并进、竞相生辉。

对这个选项，如果静态看，当然是能让孩子同时获得直接经验与间接经验的学校更值得信赖；如果动态看，培养素质人才、改善教学环境的理念正在深入人心，各校投入也在加大力度，预计不远的将来差距也不会太大。

说句引申出来的话，我觉得学校设施设备建设的当务之急，应该是游泳馆——至少要有游泳池。如果要择校，这就是标准之一。一个民族，如果一代甚至几代人都是“旱鸭子”，那不敢想象这个民族能真正走向世界，能真正强大起来。我不敢说美国的每一所中小学都有游泳馆或者游泳池，至少我见到过(包括影视上见到过)的学校，都无一例外。

尽管从现在来看，各个学校间的设施设备还有一些差别，但以发展的眼光看，特别是信息技术革命带来的知识传播体系、方式、评价等我们还难以估量的影响作用的情况下，各校的设施设备所起到的实际作用不会有根本性的差别。从这个意义上说，孩子择校似乎又有点模棱两可了——至少不是非常必要。您说是吗？

● 师资力量

有人说人生的三大幸运是，上学遇到个好老师，恋爱找到个好伴侣，婚后生几个好孩子。后两个幸运，多少都有点自己的主观能动因素；而遇到好老师，几乎全靠家长慧眼识珠了——如果有可能选择的话。的确，一个老师不仅影响孩子一阵子，还会影响孩子一辈子。

也许您也有这样的体会：您热爱文学，热衷艺术，钟情哲学，痴迷数学，爱好播音主持，擅长吹拉弹唱，很可能就是源于某个老师一个赞许的目光，一句亲切的鼓励；也可能源于对某个德艺双馨多才多艺老师的一种崇拜，甚至只是一种朦胧而纯净的爱慕。

相反，我们某个特长的夭折，某种潜能的埋没，某些激情的熄灭，甚至最宝贵的“天才级”禀赋的凋谢，也很可能就源于某老师一个粗暴的否定，一个刻薄的嘲讽，甚至一个漫不经心的不以为然，一个并无恶意的不屑一顾。

在我看来，多数老师都可称为好老师，不怎么好或者不好的老师毕竟只是少数。如果要说什么样的老师才谓之“好”，我的观察就是“三有”：

有教育情怀。老师把塑造人的灵魂，作为最崇高的事业来不懈追求，作为最高尚最无悔的选择来终身坚守，毕身为之兢兢业业、孜孜不倦。以自己的品行高贵、学识渊博、深耕校园、桃李天下作为人生最大的价值、最珍贵的财富，从而在对孩子们成长的守望中由衷地获得丰硕与充实，感受幸福与美好。

有教育精神。老师无条件地爱每一个孩子，充满博爱之心、仁爱之心；悲天悯人，行善积德；以发自肺腑的求真、向善、爱美的探索追求，来引领和照亮孩子们的世界；以表里如一的忠诚、敬业、奉献、责任心、公平公正，来对待和造就每一个孩子的内心，让人类的崇高与美好、文明与进步，薪火相传，发扬光大。

有教育智慧。老师不仅把前人的精华复制给孩子，把自己最得意的成果奉献给孩子，更重要的是为孩子一生的发展奠基，一生的成长铺路；不仅教给孩子安身立命的知识技能，而且托举孩子扩展人生格局，拓展人生空间，提升人生境界；不仅是孩子现在的导师，而且是与孩子一起成长、永不落伍的朋友，是孩子永远接纳、永远尊敬的师长。

遇到好老师是孩子的幸运，家长的幸运，同时也是校长的幸运。总体来讲，当“好老师”的量达到一定比重的时候，学校的“师资力量”才有相当的基础，才有强有力的支撑。也就是说，“好老师”不简单等于“师资力量”——还有一个结构问题、组合问题——这就靠校长功力的凝聚与挥洒了。

我曾为“好老师”众多而“师资力量”并无良好口碑的学校而大伤脑筋，

也曾为“好老师”不多而“师资力量”整体功能发挥出色的学校而意外惊喜。为了教育最核心资源师资的“均衡”，各地教育主管部门绞尽脑汁，想尽办法，甚至不惜采取极端刚性的交流、轮岗、统筹政策。实施到底，也只是缓解过于悬殊的落差，并且还只是暂时的、表面的。

您说，每年交流、轮岗、统筹10%的老师，等他们融入新团队、适应新生活、认同新文化的时候，也就差不多到了班师回朝打道回府的时候——况且，“橘生淮南为橘，生于淮北为枳”。“好老师”发挥得好是种子，发挥不好则会被“同化”——更何况，只要是临时思维，只要是“帮扶”心态，只要缺乏坚定而深刻的认同感，只要缺乏亲切而牢固的归属感，那么，“状态”永远是飘浮的，作用永远是有限的——老师可不是土豆，可以随意搬家；不是柳枝，能够到处发芽。

从这个意义讲，我们真诚坦然地面对现实，学校“师资力量”差距是明显存在的，并且通过行政手段难以从根本上予以解决，所以，家长以选择老师为着眼点来选择学校，有其科学的正确的一面。

如果这样择校，我不妨告诉您一个小秘密：千万不要单单冲着某个“名师”而去：“名师”未必就是最优秀的老师；“名师”的心思未必在教学；“名师”未必就适合您的孩子，能让您孩子健康快乐地成长；“名师”也许很孤独，“高处不胜寒”。如果没有形成一定规模、带出一个优秀群体、不能形成强有力的“师资力量”，这样择校会更不靠谱，更能耽误孩子，更容易摧毁孩子的自信心。

● 校长团队

优秀校长乃稀缺资源——尽管不少人认为自己没当校长是伯乐作古，是怀才不遇，是经天纬地之才没有用武之地，但就我的切身体会来看，事实并非如此。我不敢说偌大的校园完全没有埋没能做校长的人才，更不敢说现在的校长都是众望所归、当之无愧。

但总体来看，在一个比较清明的校园生态下，真正出色的人才特别是堪当重任的人才，还是机会多多——多数情况下，“有关部门”难得选到老师公认、上级称心的校长——因为，人才荟萃的校园不太习惯包容缺点、谅解过失，而代之以求全责备、追求完美；还因为，做一个称职的校长，起码要有这么“三板斧”：

有教育思想。校长必须有自己的教育思想。这种教育思想来源于教学一线的躬身实践，来源于对某一学科以至整个教育教学规律的摸索探究，来源于对源远流长的中华文明特别是其中的教育思想的理解吸收，来源于对开放着发展中的全球教育最新成果的比较借鉴，来源于与校内老师校外专家朋友般经常性的切磋交流，来源于自身对教育教学乐此不疲的潜心钻研。校长的教育思想，既是本人的研究成果，更是本校的实践结晶。

我所见到的优秀校长的共同特征，首先就是一个治学严谨令人肃然起敬的专家，一个学有所长术有专攻的学者，一个有着博大的教育情怀、清晰的教育追求、系统的教育思考并且孜孜不倦、百折不挠地实践着、奋斗着、充满正能量、凝聚精气神的教育家。诗书礼仪，温文尔雅，君子之风，学者之范，让人感受知识的价值，文明的力量。

有使命担当。我的理解，校长就三个使命：服务孩子成长，引领教师发展，打造品牌学校。我认为三者之间，品牌学校是老师发展的平台，优秀老师是孩子成长的推手，孩子成长则是教育的全部目的。在这个系统中，校长是核心要素，是整合资源、协调关系、减少损耗、放大效率的总设计师和总调度师。

校长不仅要理顺内部运行程序并让其富有自身调节机制，而且要面对里里外外各种提议、争议、非议、街谈巷议，在纷纷扰扰、是是非非之中坚定信仰，全心全意、全力以赴地为老师做好服务，为学校创造环境。这些，表面看起来顺理成章，其实需要校长义无反顾、奋不顾身的使命担当。

我深有体会，校园里要干一番事业，如果想等所有人都统一认识，都高呼赞成，那将在遥遥无期中消磨激情，在一事无成中完成任期。

有领导艺术。我所接触的校长，不少人把管理当做领导，热衷于做管理而较少研究如何做领导，更少研究领导科学与艺术。在一些校长看来，管理这种带有强制性、更具“实权”更有约束力的行为，更能体现校长权威，提高工作效率，也更能显现办学成果。

久而久之，校长无休无止地陷入事无巨细、事必躬亲之中，而把对学校的领导特别是对领导班子、广大教师的思想观念的引领、行动能力的提升，对整个团队的优化，对具有领导管理潜质人才的发现、培养、使用，对学校中长期发展战略以及在某一地域区域教育发展格局中的定位等等，这些大事、要事边缘化。花了许多时间精力，亲力亲为，结果责任与矛盾同时集于一身。自己弄得筋疲力尽，苦不堪言，学校管理团队还颇有微词。

我的观察，校长过分热心支配人财物，学校的层次都比较低；校长致力于以人格力量、学术水平、高雅情趣、远见卓识来引领学校发展与教师成长，学校、教师就大气磅礴，容光焕发，处事格局、精神面貌就从容自信，底蕴十足。

一个好校长就是一所好学校，一所好学校也可以成就一个好校长。前提是校长必须深爱于斯，深耕于斯，扎根于斯，成长于斯。那种这山望着那山高、热衷于要帽子、赶场子，追浪头、刷简历，太在意功名利禄的浮躁之人，即便现在有些名气，将来兴许也能人模人样，但终究成就不了您孩子的成长。

如果择校以校长为主要参照物的话，那么，您一定要通晓校长的秉性。告诉您一个诀窍：那种几天不上报纸就耐不住寂寞，动辄“率全校师生”亮相热闹场所，热衷于制造宏大场面，装腔作势、装模作样、张牙舞爪、耀武扬威地“检阅”学生“军训汇报”的校长，您千万别把孩子送到他那个学校。

● 学校文化

不知您注意到没有，优质的学校基本都有着悠久的历史，大学、中学、小学，都有大量例证。一些有口皆碑的优质学校，也许硬件并非第一甚至达不到一流，但其“软件”也就是学校文化（也可以说校园文化，但我还是认为“学校文化”表达更准确一些）一定是独树一帜、独领风骚，一定极其厚重、极其鲜明，一定是让人一临其境即浸润其中，一定是让人身走心留、回味无穷——我们心仪良久的优质学校，同时也是我们灵魂皈依的精神家园。

学校文化不是那种千篇一律、千人一面的“校训”、“精神”——本需要几十年风吹雨打、精雕细刻，成了某些“能耐”校长的眉头一皱、突发奇想——所以您万万不可望文生义。您还是不动声色，细细品读下面这些。让孩子能上一个极富文化底蕴、极具文化内涵的学校，不仅受益于现实，也受益于长远——

崇高的价值观念。价值观是人生的奠基石，是人生发展最重要的根基。在一个讲信仰、重操守、能担当、有作为的文化氛围下，老师、孩子都在追求一种善行、一种德行；都在弘扬一种高尚、一种高贵；人生境界、生命品位、精神追求，无形之中就在芸芸众生之上。

高雅的生活情趣。不管是真心重视，还是迫不得已，现在学校几乎都开着艺术、体育课程，不少学校把这些视为一种技能——将来到社会上，有“特长”一二，混得好能在单位有点名气，如此而已；而优质学校的出发点就高一个层次——把艺术、体育教育，作为一种精神生活，一种生活情趣，一种生命质量和人生品位，来深深融入孩子的精神世界。

得体的行为习惯。关注教育的都知道，学校教育也好，家庭教育也好，“养成教育”是教育的目的之一。而“养成教育”的基础就是行为习惯——我觉得用“得体”比“规范”要好——既有基本规则，又非一成不变；既体现青春活力，又可终生受益。

我观察过，一般学校上德育课，老师心不在焉，学生兴味索然；而优质学校则紧密联系日常生活，把课堂变为生活场景。越是微不足道之处、忽略不计之处，老师演示越是妙趣横生，学生寓教于乐。微风细雨之中，浑然不觉之中，孩子养成了受益一辈子的守时守信、友邻友邦、乐善好施、慎独慎微的良好行为习惯。不仅考试是知其然、知其所以然，重要的是生活当中潜意识使然，习惯成自然。

优良的学风校风。听人常评价江城一些大学“学在哪里、爱在哪里、成在哪里、混在哪里”，虽不一定准确，起码反映某些特点——学风校风也。的确，学风校风至关重要：既是氛围环境，又是师生心之所仪——许多学生就是冲着这个而来。

对学校而言，不管高等教育还是基础教育，学风当然是校风的核心，是学校培养人的最关键要素。环境造人，况且是专门来接受打造、深造，正在成长中的孩子。从某种意义上说，学风校风，就是学校师生的精神群像，置身其中，成就其人。

还有学校的人文氛围与精神气场。这种氛围和气场，让您置身其中，就感到人生的美好，生活的幸福，就想到要努力，要奋斗，就自觉去追求善与高尚，去追随美与价值，去追寻诗与远方。

还有，优质学校的同学、家长——那是孩子与您成长的土壤与环境：他们的“质地”、“品级”，也会对孩子和您具有深刻的影响。

最关键的是，您综合评估后所选择的优质学校，一定不会压抑您孩子的兴趣、好奇心，不会埋没您孩子的特长，自信心，不会扼杀您孩子宝贵的过人的天分与突出的智能。而差校则连“本”也难保住——即便孩子是天才，兴许放大的是怪异。

所以，在这个问题上您不用纠结为难。只要有可能，孩子择校还是很有必要——因为学校之间的差距有的方面可以缩小，有的方面非一日之功可以赶上。良好的生长环境结出丰硕成果，概率会大许多。

至于择班，最好一步到位。中途择班，校长会伤透脑筋——严重影响老师之间的关系；家长让学校过分勉为其难；孩子也需要花不必要的时间，来适应新环境、新老师、新同学。

择校当然上小学时确定比较好——“小升初”政策一般对口直升，“初升高”因是非义务教育，则是以分数择校；但如果有的地方、有的学校有“小政策”，需要一定“提前量”或者需要“占坑班”的话，那就只能适应“政策”，而提前进入“优质教育”了——反正上优质幼儿园不会有负面效果。但不能上那些花样翻新、花里胡哨、华而不实、哗众取宠的幼儿园——那些多半只是高收费的噱头而已。

择校的层次呢？根据自己孩子情况，选择比孩子资质高一层次的学校为最佳。“跳级”、“掉坎”都不符合教育规律和人才成长规律——如果难以评估孩子资质，那就选择就近就便的优质学校吧——毕竟这样更有利于家长您的教育。过于追求高大上，可能会打击孩子的自信心——而自信心，是与好奇心、求知欲一样珍贵的心理品质。

22

培优班、特长班、补习班……令人应接不暇疲惫不堪，您孩子非上不可吗？

这又是一个家长纠结、学校头疼、教育主管部门讳莫如深又不可回避的问题。

说家长纠结吧。无论城市乡村，不管发达落后，高端社区还是农贸市场，令人应接不暇的就是各种培优、补课、特长开发、跟班辅导的广告标语；家长的手机里冷不丁会飞来最幸运“一对一”培训大推广；各种貌似专业、新潮的新概念、新理念、新产品、新实验等“解决方案”，令人眼花缭乱。“心动”“行动”，不知从何入手，总以为自己未选到的就是最“火箭”、最“超值”的意外惊喜。

无奈。更纠结的是，孩子的科任老师也在“营销”课程。无论是“面子”（毕竟孩子需要老师关照，至少不能另眼相看），还是“里子”（毕竟对孩子更了解可能效果会更好），家长都必须“抬庄”相助——尽管心中不是滋味。

疲惫。家长起早摸黑、东奔西走、忙碌一周、打拼五天，好不容易停靠港湾，休养生息，但培优补习事关孩子一生一世，岂有不全程服务之理？岂能自己贪图享受而让孩子独步街头？好吧，星期五之后星期六，接着星期七吧——孩子补习的空当，家长们就讨论交流哪儿好、哪儿更好；微信里又添加了好几个群——“数学一对一”、“作文短平快”、“英语一周通”、“雅思新希望”、“钢琴考级灵”。有了“群”就得逛逛啊——万一与哪个“秒杀”抢红包擦肩而过呢？

尴尬。什么尴尬呢？大多数家长乃工薪阶层啊，您这么多“群”都是有价有市的啊，上大课是大课的价，开小灶是小灶的钱啊。身为人父，支付孩子的进口奶粉、国产培训都囊中羞涩、捉襟见肘，脸上岂不是一览无余的尴尬？

说学校头疼吧。问责老师，理直气壮——自己家亲戚朋友的孩子，不能帮扶一下、辅导一下吗？人家刚帮忙我搬过房子。工作时间之外多为社会作点贡献，有什么不可？人家大学还鼓励教师兼职呢。

向上汇报，义正词严——亲戚朋友相互帮忙？年年月月都在搬家？上正课如遇霜打蔫蔫然，搞副业如打鸡血亢奋样。这是什么状态？这点道理都讲不通，还矛盾上交，就这点本事吗？

管理学校，苦不堪言——也许刚开始确有相互关心、相互帮助、情有可原的一面，时间一久自然跑调变味。校长们都懂得有个“破窗效应”，但没想到这“窗”破一扇，竟来势那么汹涌澎湃！争先恐后，竞相效仿，简直防不胜防无可招架，以致愈演愈烈，乃至发展到有的老师都无心课堂教学，或者故意避重就轻——无关紧要知识混时耗点，重点难点内容一笔带过——老师为自己的“自留地”丰产丰收埋下伏笔啊。

更有甚者，课堂成了招徕“生源”的窗口。老师开启了“前店后厂”——自己办班不用说，社会机构也有“中介费”可领。一旦有人无良至此，学校还有口碑可言？

说主管部门吧。其实学校的疼就是主管部门的伤，学校的烦恼就是主管部门的苦恼。家长、社会对学校的不满意，最终体现在对主管部门的“问政”、“评议”上。

每每亮相时节，教育总是格外醒目。主流媒体的“选题亮点”，民间网站的"炫目看点"，现场观众的"情绪焦点"，以及与教育相关的各个"时间节点"，都是教育的"痛点"。开学，乱收费；期中，乱补课；期末，乱订资料乱发钱。

且不说国内沿海、一线城市，就是我们梦中羡慕的美国英国，补课也是"常态"。刚到美国时，看到学校下午一两点钟放学后，教室里还有不少孩子，以为是跟不上趟的"特殊孩子"——美国没有特殊教育，即便有学习障碍的孩子也是随班就读——后来深入了解，才知道他们老师的理念是学校只是提供基本的教育，就像公立医院提供基本医疗一样。意思是说您想要个性化、高端化的教育吗？那好，补习——既有在校补习，也有家庭教师补习——总之，都是"定额"之外的。

我不知道国内流行"美国孩子学习特别轻松，完全没有学习负担"的结论来源于哪里，反正我所看到的美国孩子照样有学习压力——只是更有学习兴趣；照样抓得很紧——只是玩起来颇具创意；照样名牌大学一般人望尘莫及——除非家长您能为名牌大学提供巨额捐赠或者您自己乃社会名流。普通家庭的"人才级"的孩子，照样上补习班、特长班、培优班——顶多换个"马甲"而已。

《人民日报》报道说，2016 年我国中小学课外补习市场规模超 8000 亿元，一线城市参加补习的学生高达 70%。

所以家长您不用埋怨学校不努力，怪罪老师不给力，责备主管部门不发力——主管部门主要是管好学校、管好老师，但他管不住社会、管不住市场啊，家长您如果真有那个不攀比、不跟风的超常定力的话，也可以对这些什么班置之不理，甚至嗤之以鼻——只是，您需要调低对孩子未来的预期。

事实是，我所见到的家长，主动调低对孩子未来预期的，几乎没有；我想推而广之，也是屈指可数。许多家长不仅要攀登宝塔上层，而且要问鼎宝塔之巅。

下面就看看您的预期与现实的重重矛盾吧：

● 您期望孩子成为精英，而学校提供的只是大众教育

就学校而言，所有教育教学的培养目标、课程内容、教育方法、传授方式、检验手段、评价制度，等等，都是依据绝大多数孩子的生理心理、智商情商、意志品质、能力潜力等来设计、设置的，都是基于“普遍性”、“大众化”的标准与水准，来实施与实现。

在这个实施、实现过程中，犹如大浪淘沙一般，又如物种进化一般，几乎没有悬念地自然而然地形成各个层次——说得“专业”一点，叫做“脚板宽，腰杆硬，宝塔尖”，说得直白一点，就是大多数都是普通人等，或是具有“工匠精神”的莘莘蓝领，或是富有“执行力”的中间力量。宝塔上层的精英，永远寥若晨星。

对一个社会来讲，不管宝塔形也好，纺锤形也好，绝大多数人总是普通劳动者。芸芸众生总是这个社会最庞大最广泛的基础。

就现实而言，社会最需要、最缺少的是有理想、有道德、有文化、有纪律、有一技之长的“实操”“实用”人才——并不是说顶尖的创新人才过剩，而是大家都在奔向那里——况且，随着“人口红利”的衰减，“能工巧匠”类人才，会更加稀缺。

所以，普通学校培养目标不可能定位于精英，但家长您正期望孩子成为精英——更为难的是，绝大多数家长都这么期望——至少是这么一个方向。在我们这个刚刚进入“中等收入国家”行列，人们的价值观、择业观尚未进入“发达国家”标准的时期，家长这样期望、这种努力当然无可厚非。存在决定意识，阶段不可逾越。

“千军万马挤独木桥”，我们不能一概视为“太现实”太“世俗”，也不能一味否定其积极意义。就如竞技体育一样，没有广泛的群众基础作铺垫，就没有那跨越世纪的惊艳一跳，就没有那全球瞩目的临门一脚，就没有那一而再再而三三而九九而十刷新人类记录的中国奇迹。如果真没人“挤”了，那人才成长的生机也就停止，动力也就枯竭。

现在清楚了吧，您孩子要出人头地，要进入精英层次，唯有比别人更多的付出；而更多的付出，最现实的就是培植自己的优势，培养自己的特色，练就自己的看家本领，在超越自己的同时超越自己的同类——怎么办？唯有通过培优来挖掘潜能，擦亮品牌，来形成自己的核心竞争力！毕竟，上大学，上好大学，才是寒门之子走向上品之门的通道，才是普通家庭一代代走向上流社会的机会。不在这里打拼，连通道都没有；不在这里出彩，就是有机会，也与您无缘。

● 您追求孩子的卓越，而课堂讲授的只是基本的基础的知识与技能

即使教育承担着再神圣的使命，引领着再恢弘的事业，再慷慨激昂，再气势磅礴，最终也都落脚到平凡而单调的课堂教学上，落实在需要记忆、思考、融会贯通的具体知识技能的传授上。而这些具体的知识技能，都只是基于基本的、基础的层次，不可能随意“拔高”、“加宽”、“增厚”。

教学大纲、考试大纲，是根据学生心智水平、接受能力以及知识技能的连贯性、渐进性来设计、确定对自身技能掌握的程度、运用的水平的。一般而言，按照大纲要求，都可以达到相应的目标——这个目标，就是大多数孩子应通过的检测标准。

如果说，前面所说的“大众”与“精英”主要讲孩子的“培优”的话，那么，这里所讲的“基本”、“基础”与“卓越”，则主要论及“特长”了。所谓特长，就是擅长的专门的技艺或研究领域或者专长，就是我们耳熟能详的“拿手好戏”、“术业专攻”，那所谓“特长班”，自然就是培养训练孩子在某一方面独树一帜、遥领风骚了。

而许多研究的结论是，孩子没有特长，多半只能平庸。

我经常思考这个问题：对于一个国家、一个社会而言，其实只需要每个人的“特长”发挥出来就已经足够，完全用不着都用一个通用的模板，去选拔千篇一律、千人一面的所谓人才。

像那些刷新吉尼斯世界纪录的“出彩中国人”一般，发挥特长至极致，弘扬专业到巅峰，那么，我们的国家、民族、社会的全球领先水平，势必一跃而起、一飞冲天，上升到洋人们望尘莫及的高度。

这当然是一个理想的格局。可喜的是，这种理念已经在制度上开始体现：顶级大学的顶级院士悄悄招收某一方面的神童；以“培养领袖人才”为目标的顶级中学，也聚集了不少具有领军潜质的天才——就如当年中科大少年班一样。我从来认为，中科大少年班的尝试是成功的，不能因为个别毕业生后来皈依佛门，就全盘否定这种意义深远的超常教育的科学探索。科学探索，应该没有禁区。

卓越的大学本身就应有人才培养上的科学探索与实验。问题是，我们的“特招”要名副其实；我们的“自招”要真正不拘一格，而非拼爹拼妈拼钱财；我们中小学的“特长生”选拔，要让真懂人才培养规律的专家，以人格、“学格”举荐，而非让校长按打招呼者地位高低排序取舍。

我甚至认为，小学生择校以“特长”加分十分正确，体现了鼓励孩子多元化发展的正确导向，应该加大权重与力度。

当然，对大多数家长来说，您所追求的卓越，恐怕是在“大众”与“顶级”之间，即孩子在某些方面卓有建树。即便如此，学校也达不到您的要求。

以领域比较集中的体育、艺术“特长”来说吧。即便很重视“素质教育”——有人认为“素质教育”就是体育、音乐、美术教育——的学校，其上课时间、课程编排也不可能让您孩子成为体音美的卓越选手。您看，一周就那么三五节课的学习训练，且不说素养，就是技能，能让孩子的“才艺”会当凌绝顶、一览众山小吗？

我曾请教一位乒乓球教练：练多少时间能达到拿国际冠军的积累？他伸出一个指头：“一亿拍。”一亿拍是多少？以十年计，每天三万拍。当然那是顶级水平。但同时也说明，要达到卓越，其环境、条件、师资、意志、悟性、时间、汗水、泪水……都有很高的要求，在学校练就乃匪夷所思。

• 您要的是孩子齐头并进一科不落，而再公平再有质量的教育，也不能保证每一个孩子样样优秀

首先说您要的并不过分，孩子要成为精英，如果走不了“特长生”就得过那个“独木桥”——高考哇。

那是一个筛子。不管旧制还是新政，语数外、理化生、政史地，几加几，一年几考确实会改良一些积弊，但就学科而言，还是一科都不能“跛”——在学校特别在高中，每每论及某生“跛脚”，老师校长总是充满惋惜与遗憾。

事实也是如此。只要过那个“独木桥”，只要有一条腿短，那毫无悬念您通过的等级一定会大打折扣，但愿在高考新政完善中，能识人所长，选人所长，取人所长，但这也是个“系统工程”，需要权衡利弊、取舍得失，至少现在还难有灵丹妙药。怎么办啊？恐怕我们又得适应啊——哪怕我们懂得多元智能理论！

学校呢，确实把“培优补差”、“纠偏治跛”作为日常教学工作在研究在实践，在交流探讨。但学校那么大，学生那么多，差距总是客观存在的啊——用民间俚语说，是“十个指头有长短”。

教育主管部门，这么多年来确实为均衡发展、全面发展而殚精竭虑、深思熟虑。“一个都不能少”，“不让一个孩子掉队”，大家都有强烈共识。

研究对学校、对校长的考核评价，绝对不会忘记平均水平、均衡水平；总均分、平衡率、尖子率、不及格率、低分段比率，应有尽有，可谓煞费苦心；推进校际均衡更是招数迭出：中心学校师资统筹，下乡支教，学区走教，名校托管一般校，优质学校办联校。花样不少，成效存疑。

特别在超级航母型学校加超大班额教学的条件下，顶多只能缩小差距。孩子之间的差距，孩子学科之间的差距，孩子偏科、“跛腿”的矫正与康复，客观地说，学校确实做了许多艰苦细致的工作，有时还要付出一定代价，但结果也未能尽如人意。

那您说，解决您要的答卷与学校的考卷之间的差距，恐怕也没有比上补习班更好的办法。如果说，前面所讲的“培优”、“特长”有点仰望星空的话，那么“补习”则是脚踏实地了。从某种意义上说，上补习班更接地气，更有必要，而且更为现实而有效。

况且，上培优班、特长班、补习班还可以隐形受益——因为这话与“主流观念”不合拍，所以很少有人论及。据我多年的观察，孩子至少可在三方面受益：

一是潜能发现的新机会。培训机构以孩子创优为明确目的，在这几类班上特别是类似“一对一”的单独辅导，孩子真正回归主角位置，老师认真研究孩子的机会多，分析孩子强项的机会多，让孩子充分展示的机会多，给孩子提问特别是质疑的机会多。这些让孩子放松心智、放开顾虑、自由思维、自然表现的过程，孩子的潜能很可能被发现、开掘——而这，对家庭、学校教育的目的性、对孩子的个性化持续性发展，具有十分宝贵的价值。

二是思维训练的新天地。老师不仅传授孩子知识技能，更重要的是对孩子思维方式的训练发挥作用。当孩子跳出某个思维模式的引导，而受到另一思维方式冲击的时候，那么就有如开启了一扇新的窗口、开辟了一片新的天地。

最典型的就是一些人屡屡诟病的“奥赛”——我认为老在那里纠结偏题怪题是不是把孩子引入歧途并不重要，重要的是奥赛确实对人的思维方式训练别有洞天。有人说“喇叭不响掉头吹”有其价值，依愚之见“奥赛”思维更是价值连城——思维方式方法的变革创新，比具体知识技能的滚瓜烂熟不知要强大多少，因为，它关系人一生的思考，关系一个团队思维的质量，关系创新能力的激发、激活与爆发。

三是信心重拾的新起点。毋庸讳言，在这几类班上——当然是有质量的培训机构——孩子受到的重视、肯定、奖励比在学校多，因而获得的进步取得的成效比学校大，继而受器重、受尊重的“获得感”比学校真切、贴切；特别是那些“不怎么样”的孩子，逃离了被比较、被排序、被另眼相待的环境，这才发现，原来自己并非一无是处，甚至还有那么多值得骄傲自豪的特点、亮点、闪光点。哇，自信心回归之日，就是孩子渐入佳境之时。

但是，没有人会要您孩子去补习，去上培优班、特长班。专家不会，因为违背教育规律；学校不会，因为违反上级规定；老师不会，因为有悖职业规范；左邻右舍也不会，因为，您懂的。

那就该您自己拿捏了。只是，不要环环紧扣，不要无缝对接，不要这山望着那山高，赶了东街追西街——“满堂灌”、“连轴转”、“夹生饭”的结果，一定是似是而非，食而不化；有的是事与愿违，欲速不达。您，一定要留有缝隙，留有余地，留有空间。也许——

这个缝隙，正是阳光照进的地方；

这个余地，正是个性张扬的天地；

这个空间，正是孩子成长的世界。

23

如有条件让孩子出国留学，留学时间越早、留学目的地越发达就越好吗？

曾几何时，出国留学对许许多多的家庭、孩子来说，是一个神秘而虚幻的梦想——遥不可及，高不可攀；但如今，随着经济的发展，国家的强大，人民生活质量的提高，国民收入的增长，孩子出国留学已经不是“富二代”、“官二代”的专利，知识分子“知二代”的留学大军已经浩浩荡荡，就是普通家庭也有不少父母跃跃欲试。只是，这个“桃子”该不该摘、什么时候摘、摘桃子有哪些要领，家长们大多心存纠结，有点迷茫，瞻前顾后，患得患失。

那好吧，下面我们就聊一聊与这个“桃子”密切相关的话题。

这里有一个令国人骄傲、令我等教育工作者寒碜的数据：2015 年度，全球留学生总量 520 万人，中国 52.4 万人，占 10%，为第一输出国；靠前留学目的地美国、英国、德国、法国、澳大利亚、加拿大的国际学生数，中国均为老大；留学“学段”从最初的访问学者、研究生为主，到现在的大学本科、高中生所占比例直线上升，其中赴美高中生近 7 年间增长 365 倍，2015 年达 4 万人，这就是专家们忧心忡忡的“留学生低龄化现象”；如果加上“国内留学”——私立的国际学校、公办学校的国际班，这个发展趋势更是出人意料，突飞猛进。

曾有资深外交官描述我们国家的未来愿景：全世界莘莘学子都来华留

学；全世界吃瓜群众都看中国大片；全世界时尚人士都用中国名牌。我们热切期待着成为世界第一留学目的地，并且相信，这一天并不遥远。

论据之一是，从1978年到2015年，我国累计出国留学404万人，已有222万人学业有成回国发展；其中2015年就有41万人回国创业、就业——其中许多高端人才进入我国高校、科研院所。这些人可望助推留学目的地的转移。

在美英德法学习考察教育的时候，我自然十分关注留学生的生活学习状态。值得欣慰的是，伴随着祖国的日益强盛，海外学子大多春光明媚，意气风发，让人油然而生“中华民族巍然屹立于世界民族之林”理想成为现实的骄傲与自豪；加之东道主对国际教育服务亲切自然、润物无声的推广与营销，让人颇感“甲方”主人般的尊贵；再看看学子们的踌躇满志、孜孜不倦，更觉得孩子们的人生，有这个留学经历，真好！

或许是留学生家庭条件的改善，或许是东道主刻意的安排，几乎所到之处，都是一片莺歌燕舞，流水潺潺：好几个学校的大礼堂，居然面朝一望无际的大海，让人心智为之豁然开朗；好些学生公寓，悠然掩映在花木葱茏、枝影婆娑之中，让人感到读书求学本身，就是一种“现在时”的愉快生活，而非为了未来的一种痛苦修行。

我也专门考察了留学生们的“打工”生活。他们并不像早期留学生那样，洗盘子洗到十指泡僵，抹桌子抹到腰躬背驼，扫垃圾扫到昏昏欲睡，讨工资讨到心灰意冷。不是的，许多中国留学生，在图书馆里兼管理员，在校内咖啡厅里做服务生，在楼梯过道当清洁工，并不自感卑微，被人小视，也不是满脸灰尘、一身疲惫；即便在中西餐厅端盘子、抹桌子，工作环境、薪酬待遇、劳动保护也都相当不错——与大陆偷渡过去做“黑工”的同胞，迥然不同。

看他们的精神状态、自我认知，真没有一点“二等公民”的局促与窘迫，倒透出一种绅士般的优雅与自信。

当然也有不怎么样的情况。在与同行交流的时候，他们并不讳言由于留学生队伍的日益庞大与涌入的异常猛烈，“尚有不少需要改进完善的地方”。特别是信息不对称——互联网的信息与身临其境的信息会大相径庭——而导致的一些问题。

我就遇到过这类情况。有一次到美国学习之前，朋友听说行程里有威斯康星州，很高兴，一定要托付我看看他在那里留学的孩子，专门准备一大堆孩子爱吃的东西：“孩子挺懂事，总是说在学校挺好。我们父母只是觉得学校没在大城市。您说孩子有机会见大世面吗？”同是父母之心，我当然宽慰为主：“好多名牌大学像剑桥、牛津都在乡下呢。”

可真到了他孩子就读的学校一看，还的确难以如实相告。

原来孩子千里迢迢、万里遥遥来到异国他乡，上的只是一所社区学院。我就想啊，好多家长在国内勤扒苦做、克勤克俭，提供美元保障，沾沾自喜、洋洋自得孩子留洋镀金，殊不知孩子在国外上的是没有门槛的社区学院——相当于国内的成人职业技术教育——当地居民随时可上、随意可上。是政府提供的一种公益性的社区服务。

我丝毫没有看不起社区学院的意思，我甚至觉得我们整个教育的当务之急，是有效发展职业技术教育。但将心比心实打实地说，砸锅卖铁、漂洋过海，跑到人家的一个居民小区，与非稳定职业者为伴，磨磨咖啡豆，炸炸鸡翅膀，时光荏苒，岁月蹉跎。一大堆人民币换回个国内并不承认学历的一纸洋码文书，您说有那个必要吗？

更有甚者，家长花费大把大把的真银子，而孩子留学的是“空壳皮包”的假学校。因为有的国家办学是注册制，有人一看来势凶猛的“商机”，迫不及待，仓促上阵，立马注册一个专门糊弄包括中国人在内的外国人的

"野鸡学校"——就像《围城》里方鸿渐读的那个克莱登大学一样。

但越是这种"学校"，越是在国内有为数不少的代理机构。倾其所有把孩子送到国外，省吃俭用，打电话都选择聊天软件，好不容易迎接海外归来的"洋硕洋博"，结果人家学历认证中心"抱歉地通知您"："您的认证查无实据。"您伤心不伤心？

还有，国内有的学校虚张声势，恣意造势："本校某某才俊力克群雄、蟾宫折桂，一举收到美国、英国八大名校的录取通知！"其实，这在国外乃家常便饭：人家是名副其实的学校自主招生，最终录取是学生、学校的双向选择：哪个学生也不会只报一所学校；同样，哪个学校也不会只按"计划"一对一发出录取通知。

同时收到录取通知，充其量只是说明这孩子还不错，但并非出类拔萃，更不是绝无仅有，不足以在学校大门口悬挂气球、大楼楼顶隆重推出巨幅标语。

我曾就这类误导国内家长的情况与一些留学机构交谈。老外倒也诚实："既然国际教育是商品，当然可能有假冒伪劣。"您看，频繁的文化交流，都让他们通晓了咱内部的事情。

好了，言归正传——大潮涌起，难免泥沙俱下；林子大了，也许啥鸟都有——凡事看主流看趋势嘛。不管怎么说，出国留学能成为平民百姓家孩子可望且可即的理想，能成为我们国家一种国际交流的常态，总是一件令人欣慰、令人欢欣鼓舞的事情。最起码让我等黄土草根的后代，有了见识海洋文化的机会，有了平起平坐与同一个地球现代文明成果亲密接触的平台——说真的，与一些正在国外的留学生互动交流，言谈之间，字里行间，您能体会出留学生的诸多成长——

- 视野开阔自不用说

如果一个人老待在以自我为中心的围墙内，那就只能看到四角苍茫的天空；老被窗外的大山压迫得收回目光，那就只能对山那边尚在“水深火热之中”深信不疑；老是局限在几乎固定的教室寝室餐厅“三点一线”的世界内，那就只能凭想象来构思未来时空。

有个留学生告诉我，他刚到美国时上卫生间，洗手怎么也找不到龙头开关，急得满头大汗，只得干脆不洗。后来知道开关乃感应的——现在国内也很普遍了——这本来是学过的知识，但当时不知道就在身边。

他用这个最普通的例子说明“视野”的重要。接着我们讨论国内一些地区的办学条件：有的地方孩子都上高中了，还待在偏僻闭塞的山区、湖区、库区；教科书上的知识早已进入太空领域，而学生只能在晚自习后，在静谧的夏夜分辨北斗星的位置，扫帚星的形状，等待明月一轮又一轮的阴晴圆缺。我们的共识是，高中一定至少要办到县城，有条件最好能与省城合作办学，至少要有交流互动。

几个留学生不约而同地说到亲身经历：经历十几个小时的连续飞行，才感到要把物理上的知识转化为如此神奇而实用的飞行器，需要多么智慧多么精密；看到人家发达地区的繁荣文明，才懂得真正的发展不是烟囱林立、车水马龙，城市富丽堂皇，土豪一掷千金，而是蓝天白云、青山绿水，博物馆人流如织，交响乐优雅高贵。

每每说到这些，我都忍不住以欣赏的眼光，看着这些曾经在深山野湖摸爬滚打的孩子，想象他们学成归国后将会用什么样的理念、在什么起点上，来为后来的孩子做出贴近现代文明、彰显人类智慧的事情。

● 增长见识毋庸置疑

我们经常说视野决定眼光，眼光决定见识。孩子有了国际视野，全球眼光，那他的见识一定会是开阔的、开放的；一定不拘泥于井底——哪怕是一口用节能灯照明的大井；一定不局限于夜郎——哪怕是一个有互联网购物的夜郎。

见识见识，我想一定是有见才有识；高见高见，我想一定是高屋建瓴之见，高瞻远瞩之见，高人指点之见，登高望远之见。您想啊，我们国家孩子的留学目的地，除了修小语种、研究民俗文化等之外，绝大多数都是“一线国家”，属科技教育经济文化发达地区。

根据“人往高处走”之原理，自然是大师云集，大咖荟萃，与之互为因果的自然是研究环境一流，治学条件顶尖。孩子之所见，都是您我闻所未闻；孩子之所闻，都是您我玩命发挥想象力才挨着边儿的异想天开。

一次我们又与留学生聊起美国货架上的中国货。为什么买回来加几道关税、加万里迢迢的物流成本，还比在中国便宜？一个芝加哥大学的留学生打开话匣，从从容容，娓娓道来，深入浅出，旁征博引，头头是道，众人只有点头称是。他甚至就我们需要智库思考、顶层设计的外汇储备结构、类型、数量、比重等问题，就日本怎样曾经一方面拥有世界第一的外汇储备，一方面二十年经济停滞不前的前车之鉴，来阐述海外学子观察思考的“管窥之见”。

正当我们赞不绝口的时候，同学说他正读着诺贝尔经济学奖新科得主的博士，刚参加完国内的一个顶级论坛回校，明天还要去华尔街做全美上市公司财报评估。“芝加哥大学出了89个诺贝尔奖得主，说不定哪天花落他家哟！”

您说，接触的、感受的、交流的、切磋的，甚至旁听的、闲聊的，均非等闲之辈，都是满腹经纶，登上论坛是国际大腕，坐到教室是同门师兄，即便您家孩子先天内敛、后天拘谨，也自然而然地会具有到那种登高望远、高屋建瓴的见识高度。

我自然想到一个掌故：一位大收藏家请已退位的末代皇帝到他家吃饭。几番寒暄之后，溥仪欣赏他家花费几代人心血精心挑选、小心收藏的

“稀世珍宝”。

正当他等待落魄皇上大加赞赏时，谁知这先生那么淡定那么从容不迫地指指点点：这个是赝品，那个是仿冒。收藏家大失所望，心情指数降至冰点。喝酒品茶的心情一扫而光，吃饭也是草草收场，连文人雅士的温良恭俭让都难以坚持表现下去。

好不容易挨到送客时分，终于还是忍不住问：“您凭什么辨别出来的？”就听得溥仪依然不紧不慢但底气十足地说：“我没怎么鉴别，只是感觉那些东西，与我家里摆放的不一样。”您看，这就叫见识。

当您孩子有了雄踞发展潮头、立于科教前端的见识，见识了当今世界最丰富多彩最超越想象的世面，那么，他将可能演绎出与之见识相匹配、相辉映的精彩人生。至少，不会停留在一个封闭狭隘的世界里，每天重复那些缺乏想象力、缺少生命灵气的空洞思维，还自以为是，还自我感觉良好。

• 广见识，大格局，几乎是一条定律

我所说的格局，是指人的胸怀、度量、胆识、担当以及责任心使命感达到一个相当的高度与境界。无论任何时候、任何情况，都能不忘初心，保持定力，举重若轻，毅然前行。这种格局，来自广阔的视野，广博的见识，丰富的阅历，独到的眼光；来自坚定的信仰，执着的追求；来自卓尔不群的大智慧，百折不挠的意志力；来自独特的人格魅力和强大的个人实力。

这样的情形，相信您在现实生活中也深有感触。大凡有大格局者，眼神透出的总是智慧，言语传递的总是见识，行为展示的总是力量。不管面对的是大庭广众、三教九流，还是一杯清茶、三两好友，总能营造一种气场，一种氛围：让您也充满正能量，提升精气神。

您细细观察，大格局者从不为暂时的一池一地之得失而辗转反侧，因为他谋划的是长远大战略；从不为眼前的小恩小惠所愁肠百结，因为他追求的是人生大价值。

所谓不为金钱所动，不为名利所困，不为美色所惑，不为不值得或者不应得的地位、光环所驱使、所束缚。这作为条文式的要求可谓用心良苦，而有大格局者却能躬身践行，自觉自愿，无怨无悔。因为他们所敬畏的，是自己的内心；所需要的，是自己内心的纯净与坦然。他们是对自己的人格道德负责，而非外力的限制与约束，而非不得已而不为的收敛。

我并不是说，孩子出国留学就一定能构建如此格局，就一定能有全球视野，战略思维，就一定能有真知灼见、远见卓识。我见到过的留学人员，也有鼠目寸光、小肚鸡肠之人，也有眼高手低、好高骛远之辈。但毫无疑问的是，构建如此格局，留学虽非充要条件，但一定是必要条件之一。

要不，人们总是说见多识广，相得益彰；中西合璧，两全其美。您说是吗？

看到这里，您恐怕要说了：既然出国留学这么有利于孩子的成长发展，是不是都要赶这个浪头、追这个时髦呢？这就回到本节开头的话题：

——是不是一定要出国留学？我的看法是：

一看孩子的意愿，千万不要勉强。孩子一抵触，“老外”就发怵——都什么年代了，家长还要包办？这样的学生，“老外”不敢要。

二看家庭经济状况，尽力而为加量力而行，不可明知不可为而为之——就像买房子一样——至少能付个“首付”。至于月供，有了下面这一条，问题不算大。

三看孩子的独立性加生存能力、生活能力。心智羸弱、四体不勤的孩子，还是先锻炼到自食其力、自顾有余，再作计划安排。

——想出国留学的话，选择哪些目的地比较靠谱呢？答曰：既然留洋，就一定到最先进、最发达、最前沿、最顶尖的“一线国家”——除非您孩子有特别的研究领域或者实在是“托福”、“雅思”、GRE、SAT 考不过关，才不得已退而求其次。

——学校呢，怎么周围人说的都是排名靠前多少的学校啊？这样跟您说吧，学校的排名只能参考。不一样的版本就是不一样的排名：有分基础学科的，有分高端学科的；有按研究力量的，有按学术成果的；有论学校学生规模的，有论国际学生数量的；有凭办学历史的，有凭校友成就的，甚至有专门为蒙外国人、把类似“常青藤联盟学校”等真正优质学校排除在外的“世界一流大学排行榜”。林林总总，似是而非；不可不信，不可全信。

最靠谱的是，孩子在自己有志向、有兴趣、比较熟悉的学科领域，遨游、搜寻、比较、鉴别，心中有了大致框架，再找专业机构了解咨询。如此循环往复，得出合适的结论。

对于专业机构，您也别轻易“以身相许”：说白了，所谓中介，就是“媒婆”——您肯定自由恋爱，没有见识过媒婆三寸不烂之舌之功力——筛选，掩盖；虚幻，强化；引导，暗示；缩放自如，游刃有余；环环相扣，步步为营。不说多了，您多个心眼吧——我只告诉您一个底线——登录中国留学服务中心网站，查询我们国家一定可以通过认证的学校。

——既然留学可以带来这么多成长，是不是越早越好呢？我不知道您看过一部热播的电视剧《小别离》没有，论观赏性，没话说，娱乐性，也挺好，但孩子出国留学这样的大事、要事，还是独立思考为好——艺术嘛，越是故事跌宕起伏，越能粘住观众；越是情节迂回曲折，越能拉长篇幅。因为我观察到好多家庭做孩子出国规划，都以此为样本，所以才在这里特别提示一下。

我对这个问题的看法是，中国孩子出国留学，从本科读起为最佳选择。这是说如果有条件的话——因为本科获取奖学金的几率要比研究生低许多。不少美国公司选用员工，在美国本土毕业的本科生与在美国开始上的研究生之间，他们会毫不犹豫地选择前者。

个中理由，可以从一个侧面反映很多人力资源专家对中美本科教育的认识与理解。从目前实际情况看，申请研究生教育的还是居多，毕竟可以省去上本科的费用；而且，研究生获得奖学金机会要多，打工机会更多且"工种"更体面一些，含金量更高一些，家长也更放心一些。

至于高中、初中阶段，我认为出国几乎没有什么必要。一是我们的基础教育真的不比国外差——不要迷信某些"专家"夸大其词、意气用事、有违事实、有失偏颇地对我国基础教育全盘否定；二是孩子心智尚未发育到我们前面所聊可以获得许多成长的程度。过早地"开发"、"挖掘"，要么资源浪费，要么拔苗助长；三是孩子的独立精神与自理能力还不匹配，不能承受不可预测的许多变数，存有误入歧途的风险——除非家长"陪读"——而这又一定有悖教育规律与人才成长规律。关于这个问题，请您接着往下看——

24

放养还是圈养，穷养还是富养，当猪养还是当熊猫养，您家孩子该咋养？

那我们接着“陪读”的话题聊吧。

“陪读”大致有两种情况：一种是孩子出国上高中的“陪读”。孩子没成年，家长是法定监护人，实在放心不下，派出妈妈跟班，全过程陪伴，全天候伺候，全方位服务。孩子上课去了，妈妈在出租屋内发呆，发福。异国他乡，单调枯燥；相依为命，形影相吊。

这种情形，我在新加坡见过一些。好一点的情况是，有的学校附近出租屋比较集中，遇到“同类项”，彼此颇有他乡遇故知的亲切劲儿。大家凑一起打打麻将，聊聊孩子。内容仍然单一重复，但总算多了个说话的对象，排解冗长的寂寞，打发难耐的惆怅。

另一种是跨区、赴省上“名校”的“陪读”。这里妈妈仍然居多，只是多了一些尚有余热可以发挥的爷爷奶奶。这些陪读家长最担心也最难受的是，那个在原学校出类拔萃的孩子，颠沛流离到了这里而高考“失利”或者有个意外，锦绣前程化为乌有。

这些被“陪读”的孩子，在被无微不至、无缝对接、无可挑剔、无可言状的关怀、照顾之中，他们失去自我，失去自由，失去本该属于这个年纪的天赋快乐与幸福。因为，无论是国内外的“陪读”，市内外的“全托”，还是那些不懂教育、过分溺爱的家庭，孩子们所享受的几乎都一样：包揽、包办、包装等“三包”服务。

而这种“三包”服务，以静态的目光看，用“保底”的标准看，还真有“独特”的成效：“圈养”的孩子循规蹈矩、相安无事；“圈内”的校园按部就班、波澜不惊；家长、老师不约而同、异口同声，赞美孩子听话乖巧；校长得出“圈养出规范”的结论、继而欣慰地走过一个又一个如释重负的日子……如果教育只是驯化的话，“圈养”，也算得过且过，倒也未尝不可。

而教育，只是驯化吗？

您也觉得“圈养”不尽如人意吧？那好，我们来看看“放养”的情形，不妨作点“比较研究”。

“放养”，顾名思义，就是以一种开放的姿态、包容的心态、比较宏观的视野、相对放任的方式，来让孩子作为生命主体，自主生长，自由发展。这种情形有如植物的“毛种毛收”，有如企业的“粗放经营”，有如团队的“松散管理”，有如家长自谦自嘲“不作为”的“顺其自然”。

这种情形，又有如一个光着大脚丫无拘无束地唱着信天游、豪情万丈、血气方刚奔走在黄土高坡上的翩翩少年，虽然有些冒冒失失、毛毛糙糙，但绝不是工于心计的精致利己主义者；虽然有些不修边幅、不拘小节，但绝不小肚鸡肠、锱铢必较；虽然有些不谙世故、不知深浅，但绝不口是心非、阳奉阴违；虽然有些大大咧咧、丢三落四，但绝对心胸开阔、心地阳光；虽然未必是老师最喜欢的孩子，但一定是永远铭记培育之恩的学生……

这个似乎粗线条的孩子，或许不因时过境迁、物是人非而改变其忠信敬孝、重情重义之执着信仰，坚守初心，踏浪前行。

既然做点研究嘛，还是稍稍归纳一下“放养”的教育方式。为便于与“圈养”比较，还是罗列三点吧。

一曰放手。放手的核心是，自己的事情自己做。既然我们的孩子绝大多数就是普通家庭“人才级”的孩子，那么理所当然地要遵循孩子发育成长的一般规律，在能够做且应该做的年龄段做相对应的事情，特别是吃喝拉撒睡、听说读写玩等“日常事务”的自理与打理。

特别要明确的是，孩子必须参与家务劳动。既然一家人是一个唇齿相依、休戚与共的共同体，那就应该在心理上双向对等——不是花费的时间对等而是各自的心理预期之责任相同。有人总认为，孩子做家务耽误时间，殊不知做家务也是学习，也是成长，也是增技能长知识，也是将来幸福美好生活的预习。

融入生活，感受人生，就是最好的寓教于乐，最有效的社会实践。

二曰放开。放开的关键是，相信孩子的能力，成全孩子的成长。家长之所以总喜欢替代孩子，主要原因之一还是担心孩子处理不了；总是说等孩子长大了就不管了——其实中国父母只要拥有这个身份，过去，现在，将来，从来没有“不管”过，哪怕自讨没趣、自找苦吃。

两个孩子打架，我们常见的情形是，家长总是一边倒地指责对方，老师则一定要求“各自多作自我批评”，是吧？我在美国随机看到的是，课堂上两个孩子突然打起来了，青筋大爆，鼻青脸肿，以致招来了挂着警械的校警。老师并没有看到有我们这些“外国人”在场而讳莫如深，反而招呼我们去“评价哪个孩子该罚”——他知道，我们都是教育工作者。

我当时就嘀咕，这美国老师怎么是这种思维方式？是民主习惯呢还是民族自信呢？来不及多想，接下来的一幕让我大开眼界。

一间正式的会议室。一个有模有样的大弧度的辩论台。中间，老师正襟危坐，不苟言笑；两边，一黑一白两小子老老实实，四目相对，屏声敛气；后面座位上，分别是校警、校长室工作人员。一副公事公办状。

我的英语不咋地，只看到在老师主导下，黑白小子轮番起立，唧唧哇哇，连比带划。如此三四轮之后，反而是那个被打的眼圈乌黑像头大熊猫的白小子起立，下位，立定，在黑小子面前毕恭毕敬地鞠了一躬，黑小子也绅士一般走到跟前，我眼前出现一个“特写”：两只反差鲜明的小手握在一起。

之后上橄榄球课。在老师帮助下——我们看老外都一个形状，就像老外看我们都一个轮廓一样——我目光追踪那一黑一白，只见两小子分在一个组，撒欢样地跑来跑去。又听得“砰”的一声，白脑袋加黑眼圈的小子又挨了飞来一棒。

有数据表明，美国中小学生每天有 8000 人因运动受伤，但学校从没有因噎废食，学生也没有畏缩不前。

之后我问刚才“法庭审理”两小子结果咋样，那个老师说，道歉了，挺好嘛！

由此我想起我们学校类似的纠纷处理：被“欺负”一方的有能耐的家长，不仅不依不饶地要赔礼道歉，赔偿医疗费、营养费、家长误工费、孩子精神损失补偿费，还要学校惩罚那个“顽劣”学生、外加处理班主任、当班老师。有些坐等“新闻”的“媒体”加油添醋，推波助澜。校园内孩子早就和好如初，风平浪静；校园外却满城风雨，一地鸡毛；家长灰头土脸，疲惫不堪。

后来我就我所见请教北京一位德高望重的校长，她平平淡淡地说，孩子之间的纠葛，家长少掺和为上策，要信任孩子，依靠孩子——自己解决问题，两个孩子受益。哦，家长、老师急不可耐地“平息”孩子之间的纠纷，孩子得到的结论仍然是要依赖别人。问题是，他们现在发生的问题、将来还必然出现的问题，我们真正解决了吗？

三曰放飞。放飞的内涵是，我们现在的“教”，是为了将来的不教；我们今天的拥有，是为了明天的分离。孩子作为鲜活、独立、自主、自由的生命主体，自己本身就是人生的主宰，世界的主人。

孩子最应该自己去尝试，去探索；去受挫，去承受；去担当，去成长。最失败的教育，莫过于孩子习惯性地躲在父母身后，怯生生地打量这个陌生的世界；莫过于孩子弱不禁风地置身于长辈的荫蔽之下，永远长不大、走不出……

据此，我在“圈养出规矩”之后，加上一句：“放养出能力。”再加上一句：“放养出免疫力。”

在孩子小老头似的小心翼翼、中规中矩、畏畏缩缩与敢作敢当、坚强果敢、活力四射之间，您还需要选择吗？

如此相关联，我们再聊聊“穷养”、“富养”的话题吧。

我们时常听到这样的“育儿经典”——“穷养男孩富养女”，是吧？大家一般理解在物质层面。男孩子要能过苦日子，吃喝拉撒马虎点没关系，所以可以少破费；女孩子则要好好呵护，不能过于羡慕别人的东西而经不住诱惑，衣食住行要讲究一些，所以要多花钱。

从孩子性情习惯养成来看，这样理解和实践也未尝不可，但从人才成长规律来看，物质层面的“穷养”、“富养”，只是意志品质形成的基本条件之一，更重要的是在精神层面：润物无声的用心引导，恰如其分的收放有度。

我对性别差异没有做专门研究。单从孩子教育的角度看，我认为，男孩女孩的“养法”只是立足点不同，侧重点各异，万不可对立起来；不可绝对化，也不可偏倚过度，不同阶段的“养法”也不尽相同。

一个是立足点与侧重点的问题。男孩女孩由于生理状况的差异，社会角色的差异，成长环境的差异，所面临“形势与任务”的差异，因而各自成长过程中的立足点与侧重点应与之相匹配、相协调。

在这个背景下，男孩子更应该培养意志的坚定，责任的担当，格局的宏大，以及他的勇敢顽强、血气方刚。

女孩子呢，更应该涵养其优雅高贵的气质，秀外慧中的内涵，见多识广的眼界，表里如一的矜持——对，矜持——女孩的矜持是必需的。就个人的审美观，我更欣赏且更尊重那些矜持淑女。而这些，只能相应的“富养”。“穷养”，您说可能吗？

二个是不可绝对化，要把握基本的尺度。我的理解是，在可许可控的条件下，“穷养”并非让他饥寒交迫、流离失所；并非让他忍辱负重、委曲求全；并非让他孤军奋战、弹尽粮绝。即便男孩子，过分的“穷养”可能只会让他对物质占有渴求的刻骨铭心，以后可能会处心积虑地投机钻营，不择手段地疯狂追逐。“穷养”，养不出坚如磐石的定力与云淡风轻的淡定。

“富养”，并非锦衣玉食、绫罗绸缎；并非香车宝马、挥金如土；并非一味迁就、百般娇宠。过分的“富养”，只会让孩子沉溺享受，养尊处优，不思进取，空有其表，不懂春种秋收的艰辛，不知感恩父母的付出。可能有一天，做家长的只能自作自受，自尝苦果。

三个是把握时间或曰时段。孩子的成长是一个过程。每个阶段情形不一样，所以重心和着力点有所不同：比如还没有或较少理性思维的时候，直观的示范最有效；比如还缺乏相应的知识能力作分析判断基础的时候，情感的呵护最能得到认同。

本问前面论及的，与“穷养”、“富养”相似的“圈养”、“放养”，以及父母调侃所言的“当猪养”、“当熊猫养”，都要拿捏好轻重，都要把握好尺度，都要记得住初心。

“养”，是为了以后不养。

“养”，是为了独立成长。

25

应试教育从来有实无名，素质教育又似乎不着边际。您到底要应试还是要素质？

“素质教育”与“应试教育”这两个概念并不玄乎。

人们所说的应试教育，无非是指以升学考试为目的、以分数评价为标准的教育。这是最现实的、可量化的、应急的、过“门槛”的教育。应试教育基于体制、制度而自然形成、自然发展，确实是有些僵化、有些偏颇、有失单调、过于功利的教育思想与行为。

但其优点很明显：有利于在一个高等教育资源、高端就业岗位比较稀缺的国情下，广泛公开、公平合理地选拔人才。至于其不足，专家们罗列无数，几乎包罗所有弊端、所有恶行，简直罄竹难书。这里受“容量”限制，就不一一列举了。

什么是素质教育呢？请允许我引用一下专家们的共识——素质是在先天基础上，通过后天环境影响教育训练，而获得内在的相当稳定并长期发挥作用的身心特征及其品质结构，通常又称为“素养”，主要包括人的道德素质、智力素质、身体素质、审美素质、劳动素质，等等——专家们进一步指出，提高以上诸方面的素质，谓之“素质教育”。

您看明白了吧？简言之，素质教育，就是德智体美劳全面发展。这不就是我们老师们年年复习、月月反思、天天实践的“教育方针”吗？这不就是孔夫子、韩愈早有定论，我们学校、家庭、社会教育努力传承、不断光大的优良传统吗?

如果问题是这么简单明了，那就没必要在这里浪费笔墨了。现实生活中，素质教育一定是对应应试教育，特别是针对应试教育的弊端而提出的。其目的是扭转过分追求分数、简单仅凭分数的片面化做法，而回归教育的本源——树立正确高尚的世界观、人生观、价值观，培养社会所需要的、促进人全面而自由发展的品质、意志、学识、能力，以对社会进步发展作出应有的作为和贡献。

作为家长和普通教育工作者，我们没必要在那些花样翻新的概念里转圈，更没工夫跟着那些口是心非的“专家”人云亦云。我们要紧的是结合自己所教育的学生、所培养的孩子的基本秉赋、现实基础、潜在能量、个性特长，去探究在现行教育考评体系、人才选拔制度及其改革完善趋势的框架下，来实现我们的教育目标，达到孩子的成长预期。

• 如果您孩子应试能力强，说明他素质不错。因为应试能力是素质的重要组成部分，重要标志之一

应试能力强，简言之就是“会考试”吧?会考试，分数高，说明孩子学习目的明确。不上升到“为中华崛起而读书”吧，起码是为成为社会有用之才作准备，至低也是为独善其身打基础。说明孩子学习态度端正。没有求真求实的人生态度，没有刻苦努力的精神，没有持之以恒的坚韧，就不可能取得良好成绩。说明孩子行为习惯得当。遵守公共道德，注重个人修为，养成优良习惯，不断完善自我，才能专心致志全神贯注地钻研功课，掌握知识，充实内涵，培养能力。说明孩子思维方法正确；说明您的“素质教育”已初见成效。

很显然，“应试”与“素质”并不是一对矛盾。在一定程度上，素质促进应试，应试体现素质，在一定范围内，二者相互转化，相得益彰。有人说素质教育是高水平，应试教育是低层次。我不揣冒昧地问一句：如果连应试能力都没有，素质又从何而来呢？

如果您孩子不太擅长于应试，您可以通过综合素质的提升来促进应试能力的提高，通过思维方法的训练来适应学科考试的要求。有一句并非安慰您的话：功课不等于功力，分数不等于招数，智力不等于智慧——我就见证不少不太擅长于应试的孩子，他们长大后照样在一些领域做得风生水起、颇有建树。如前所述，人才“才向”不同，不必削足适履，强求一律。

• 如果您孩子考试分数高，并不一定就是“高分低能”；而“低分”，就更不一定“高能”

并不是因为我有教育情结，就为学校教育辩护。从某种意义上讲，我现在这种若即若离的距离，对教育的观察还算理性，理解还算深刻。自认为是“看热闹”与“看门道”的结合，是多个方位与多个视角的整体印象与综合评价，所以应该总体上是全面的、客观的，较少以偏概全和意气用事。

我认为，教育面向世界、面向未来、面向现代化的改革发展，大有作为，成就斐然，对素质教育、能力培养、创新成长、全面发展等社会关切的切实回应，不仅体现在大政方针上，而且落实在具体环节中。比如考试评价理念与方法的改进，其效果就十分显著。

现在的考试检测，早已不是您记忆中的学生时代那种以知识容量为主的考评，而更多的是对知识的整合、运用，对能力的培育、挖掘，对科学思维方式的训练、启发，对发现问题、分析问题、解决问题方法的发现、评估，对基于知识储备运用的创新潜质、创造能力的开发、检测。考察的，不仅是过去时，是记忆力，不仅是“库存数据”，是“盖棺定论”，还有现在时、将来时，分析力、判断力，还有由此及彼的“增量知识”，严密逻辑下的“开放式”论断。

凡此种种，没有对浩如烟海知识的烂熟于心，没有对相互渗透学科的融会贯通，一旦面对考卷，不说瞬间一片空白，恐怕难以取得令人满意的成绩。

如果说以前——您上学那阵子——凭死记硬背、生搬硬套、猜题押题，凭“运气”、“直觉”、“单选双选”还能侥幸挣得较高分数的话，那么，现在您就别误导孩子去信那“运气”、找那“直觉”了。越是重要的考试——比如中考——越注重潜质、能力，越是选拔性考试——比如高考——越注重素质、基础。您别杞人忧天，孩子会成为“考试机器”，别庸人自扰，孩子会“高分低能”。

好多时候，分数与能力就是一对孪生姐妹。您看《中国诗词大会》上，腹有诗书、口吐莲花的那些孩子，且不说高雅的气质、渊博的学识，就只看花一样灿烂的笑容，就能感受他们超凡出色的能力——审美能力——对自己的审美能力以及社会审美能力。

• 如果认为学校的体育艺术教育就是素质教育，您不妨成全之，助力一把

毫无疑问，素质教育适应社会需要，顺应时代发展，是整个国民教育体系中最核心、最基础、最可持续、最有生命力的教育。素质教育既是学校教育的灵魂，又是家庭教育、社会教育、职业教育以及终生教育的根基。从这个意义上说，素质教育覆盖国民教育的各方面，贯穿人生成长的全过程。

对需要精心浇灌、倾情润泽的孩子而言，再崇高的教育理想，再完美的成长预期，还是要落脚到日常教育教学活动之中，并且设计成课程体系——于是，学校努力把素质教育的目标分解到学科教学之中，分解到具体的课程化的学业测试之中——于是，就有了不少学校对体育、音乐、美术等课程的特别重视和重点倾斜。

尽管这些课程只是素质教育的一部分。甚至有专家认为这些只是特长教育而已，但这种把素质教育课程化、实体化、可考评、好激励的积极作为，还是意义非凡。

以多年的观察思考为参照物，我十分欣赏并由衷敬佩这样的学校：不单为学校看得见、摸得着的“荣誉墙”而摇旗呐喊，更为孩子一生打基础利长远的个性发展素质涵养而默默深耕；不单为学生眼前的出人头地而授业解惑，更为孩子一生充满爱与美好的幸福生活而立德树人。

因为，这不是心浮气躁的教育，不是急功近利的教育。

所以，孩子有幸在这些特别重视并且卓有成效的推进体音美教育的学校，请您敬重，请您成全——因为，您敬重的，是人类文明的结晶；您成全的，是您孩子未来高质量的人生。

我甚至期待，我们从事德育教育的专家以及广大德育教育工作者，能够设计出如体育艺术教育一样让孩子们充满期待的德育课程。真正喜闻乐见，真正寓教于乐。

• 如果您想在素质教育上有所作为，那就补一补“家国情怀”和“人文精神”两个短板吧

家国情怀与人文精神，是目前我们素质教育总体上的两个短板。我并不想轻狂评价中小学思想品德课程的短长，只是觉得我们的素质教育应该艺术地、有效地在这两个方面强化。

就说一点国外的见闻吧——撇开意识形态方面的讨论，总认为别人行之有效的多年实践，我们不妨包容地借鉴，批判地吸收。

在加州，我看到中小学生以及一些普通年轻人，无论是在上学途中还是在哪、干什么活儿，只要听到国歌奏起，看到国旗升起，都会不约而同原地伫立，右手抚在胸前，一脸庄严地凝望国旗。

在圣彼得堡，我正遇上二战胜利纪念日。没看到官方庆典，就只见许许多多的普通市民涌上街头，满脸崇敬地向那些胸前佩戴奖章、勋章的老兵们献花，与他们拥抱；成百上千的孩子，衣着庄重，队列隆重，向老兵行礼致敬。红地毯、闪光灯、话筒、镜头的主人，都是这些洋溢着骄傲与自豪、一脸慈祥与温暖的老人。

在法国，市民精心呵护着巴黎圣母院的一草一木，不停地向游人讲述历史上在外敌入侵、将要盗走那圣洁雕塑的前夜，成百上千的普通市民，不约而同，冒着生命危险，克服重重困难，把那些珍贵雕塑转移出去；硝烟散去，重建圣母院，那些雕塑又完璧归赵。

似乎是习以为常的画面，似乎是漫不经意的诉说。我想您从中一定看到了“素质”——对国家、对人民深沉的爱，对民族、对英雄强烈的崇拜，对优秀历史灿烂文化掏心掏肺的珍惜，对同胞如沐春风的人文关怀，以及对人自身发展自身价值的自觉珍视与关注——赤诚的家国情怀和厚重的人文精神，不值得我们的素质教育学习借鉴吗？

26

孩子到底是自己的好还是别人的强？该把别人家的孩子做榜样还是当偶像？

不知从何时开始，或许从有记忆就开始了吧——“别人家孩子”就与我们一路相伴，如影随形：对比着我们，羞愧着我们；也激励着我们，领跑着我们。

我们总是仰视他，膜拜他，甚至嫉妒他，敌视他；我们总是跟不上他的节奏，追不上他的脚步，越不过他的高度，甚至看不到他的尊容；我们总是没有喘息的机会，没有平视的理由，似乎永远做不成父母所要求的、所期望的他——“别人家孩子”。

记得前面我们聊过，“普遍出现”的问题应该从政策上找原因，“反复出现”的问题应该从规律上找原因。现在倒好，“别人家孩子”现象则既普遍出现又反复出现。那么，我们应该从哪里找原因呢？在我看来，应该从“文化”上找原因了。而文化原因更多的是客观事实对大众心理的折射，更具有广泛性与生命力。不妨咱接着往下看——

- 父母总能找到一些最优秀的“别人家孩子”

由于多重优质资源的优化组合，在我们不断畅通的信息渠道内，在我们日益拓展的生活空间里，确实有一些从小就出类拔萃、超凡脱俗的佼佼者。他们先天基因优秀，成长环境适宜；他们出生就享有良好的教育启蒙，之后一路伴随的是心智心理的科学唤醒，思维行为的得体训练，能力潜力的适时开发，意志品质的持续锻炼；外部推力与内在动力的完美结合，先天优势与后天努力的相得益彰，几乎与生俱来的受命运青睐，与幸运同行。

所以，不仅在家长眼中，还是在孩子心中，都有一些当之无愧堪为楷模的优秀孩子。况且，还有本书前面所研究的另一些特别优秀的天才级孩子。

• 父母总是最喜欢欣赏“别人家孩子”的“乖”

或许因为血型使然，或许因为父母管束，或许因为环境雕塑，或许因为特别的适应能力，有些孩子似乎出生就文文静静，温温和和，伶伶俐俐，乖乖巧巧，甚至“听话”、“懂事”得人于心不忍，隐隐不安。随着时间的推移，在一片赞美之声的助推下，这种“乖”可能会演变为超越年龄的“成熟”与“稳重”。

我分析了一下原因，恐怕这与我们一些家长传统奴化思想的惯性和对教育的机械理解有关：总认为教育就是驯化，就是听话，就是照此办理——孩子如有怀疑思维、批判精神、叛逆端倪，家长一定如临大敌、如履薄冰——这也许是教育难产“创新精神”、“杰出人才”的重要原因之一。

再者，长期为人孩子的父母好不容易“媳妇熬成婆”，“出头感”的标志就是传承“家长”的权威，似乎不立马“兑现”，就“过期作废”——在单位能支配人者，惯性使然；在外面被人支配者，则更想“体验”一把。

还有一些家长把孩子教育与员工管理同日而语——哪个头头脑脑不喜欢唯唯诺诺、服服帖帖呢？提早培养吧，免得长大了领导不好使唤。于是，几乎没缺点也没亮点的“庸孩子”、“小时不动长大没用”的“乖孩子”，则差强人意，错位成了本无贬义的“别人家孩子”。

这里特别提示一句：如果有学生碰巧读到这里，请你记住：千万不要以“乖”为特质的“别人家孩子”为榜样。其他特质，不妨学习学习。

● 父母看到的都是“别人家孩子”最光鲜的一面

人的眼光似乎具有本能的选择性，要不不会有“吸引眼球”之说。您看，父母赞美“别人家孩子”，几乎都是精挑细选，聚焦优点突出强项，凸显特色。用公文语言表述，无外乎“德能勤绩”四个方面。就是某个孩子这四个方面的某一项最有震撼力，最具说服力：有的懂事，孝顺，为大人长脸争气，谓之“德”；有的自觉性强，自学不用家长管，还帮家里洗衣做饭，人与房间收拾得井井有条，谓之“能”；有的从不懒散赖床，不玩电脑、不迷手机，东边补习班，西边特长课，谓之“勤”；有的稳居全校第几，考过几级证书，拿回几个大奖，谓之“绩”。凡此种种，皆为光鲜。

我不能一味指责家长的“认识片面”，也不能笼统赞美家长的“删繁就简”。同为父母，除了理解其良苦用心，也能体会其教育理念——“目标高度，决定努力程度”——跳起来摘桃子，比轻松获得更能激发才智引爆潜能。如果“我们家孩子”能集“别人家孩子”优点之大成，那不是一跃而起、一步登天，而雄踞所有孩子之上吗？如若如此，岂不妙哉！

问题是这样的激励，可能出现两个负面影响：本来可以学习的榜样，被拔高到不可企及的偶像，孩子竭尽全力也回天无力，干脆放弃努力；荟萃精华、博采众长本是良好愿望，素来无可厚非，但想把唐僧的慈悲、沙僧的厚道、猪八戒的本真、孙悟空的敏锐集于一身，任何人都会勉为其难，何况心智尚未成熟的孩子？

从教育目的讲，如果把一个个孩子都教化得失去了个性，失去了特征，千人一面，千篇一律，貌似“明星组合”，实则不伦不类——那，一定是教育的失败。

● 父母的眼光一直追寻着最出彩的“别人家孩子”

为了孩子每时每刻学有榜样，赶有方向，比有标杆，超有对象，父母总是在浩荡前行的莘莘学子中，在引领潮流的第一方队里，追寻到最亮丽的风景，最炫目的旗帜。

说“江山代有才人出，各领风骚‘两三’年”也好，“芳林新叶催陈叶，流水后波盖前波”也好，反正父母的眼光总是那么与时俱进；“别人家孩子”新老交替更新及时，永远不会出现无人可效的“真空地带”——这恐怕是困扰您我多年的、为什么“别人家孩子”总是最为优秀、为什么永远赶超不过的最佳答案吧。

但这也有个“供求平衡”问题。大概率的情形是，“别人家孩子”一波接着一波，一浪高过一浪，高潮迭起，层出不穷；自家孩子应接不暇，疲惫应付，最后招架不住，偃旗息鼓。

由此可得的感悟是，还是让您家孩子与您一样——先定一个“小目标”，体验一把“成就感”吧。

这一问我们聊得比较散，是不是“形散神聚”不敢自我恭维；但有一点还是心中有数——从感性认识上升到理性认识，在不知不觉娓娓道来中过滤出各自的结论。我大致梳理一下，看您是否有几分认同。

● 孩子教育，物色、挑选一些生动形象的“教材”，有爱，有益，有效

一般而言，传播某种信息，让人接受某种思想，是以“点子”、“例子”、“数字”为载体的。“点子”，观念也；“例子”，人或事也；“数字”，统计加估计也——现在又有了新武器“大数据”。对孩子教育而言，“点子”呢，抽象，枯燥，条文式，概念化，大脑发育是先有形象思维后有抽象思维，孩子一下子还适应不了；“数字”呢，没有相当的数理统计知识和数据分析能力，难以得出什么有价值的结论，显然，孩子暂不具备。

只有最直观、最形象、可触可感、有血有肉、有鼻子有眼的“例子”——“别人家孩子”，最好模仿，最可接近，最易比照，最便学习；身边的榜样，容易贴近感情，便于观察效果，还利于及时提示；而且，家长还最为省工省事，最不需要身体力行——当然，最后这句话只是调侃调侃。

从教育理论来讲，创造可源于模仿，动力可源于榜样。只要用心用功，家长给孩子的不仅是一个可以模仿的样本，也是一个可以唤醒上进心、荣誉感的动力；孩子一旦有了超越榜样的动力，那么从“别人家孩子”那里获取的，不仅是“数理化”，更重要的是“精气神”——您的孩子，将受益终身。

●“别人家孩子”再优秀，也只能是榜样而不是偶像。不可随意拔高，更不可想当然神化

前面说过，确有一些非常优秀的孩子，一些某方面特别优秀简直堪称天才的孩子，但再优秀，终究也只是孩子。我和好多老师都有这样的共识：孩子，不要轻易授予什么“杰出少年”之类的称号，否则很可能重复王安石笔下“方仲永”的悲剧。孩子，不可能白玉无瑕，完美无缺，不可能脱离背景，超越环境，孩子一定有其局限性——正因为如此，孩子才有成长的空间。

因而家长您大可不必为了抬高自己孩子的“起点”，而以偏概全、以一当十，随意拔高甚至想当然地神化“别人家孩子”——您要的是孩子努力赶超的榜样，而不是盲目追捧的偶像；要的是孩子学习长处、吸收优点，而不是克隆复制、照抄照搬；要的是孩子自己脚踏实地的进步成长，而不是用于炫耀的“同门同窗”。

●鼓励孩子融入“别人家孩子”之中

上问我们讨论过“圈养”、“放养”的问题。很明显，我赞赏把孩子放归孩子们的世界，放归大自然的怀抱，放归属于孩子那个年龄的天真、活泼、幼稚、顽皮的随心所欲兴之所至，那个样样新鲜好奇，事事刨根问底十万个为什么，冷不丁冒出活蹦乱跳、光怪陆离的奇思妙想、异想天开中。当然，重要的是放归并且融入“别人家孩子”的优秀群体之中。

同时，您自己也要努力成为孩子心目中优秀的“别人家爸妈”——您更是孩子成长的土壤与环境——您必须远离那些消极颓废、自由散漫、低级趣味、怨天尤人的“朋友圈”；让您的生活中充满唤醒蒙昧、照亮迷茫、激发上进、催人奋进的“正能量”。

“中国式家长”都喜欢使用这个“祖传秘方”，只是有的家长运用得法，把握得当，“比”得孩子入情入理、入脑入心；“比”得孩子心悦诚服、心服口服；“比”得孩子触动羞耻心，唤起荣誉感；“比”得孩子激发内动力，焕发精气神；“比”得孩子知耻而后勇，知非而痛改，继而凤凰涅槃、化蛹成蝶，展翅高飞、一飞冲天……

我知道您喜欢描述的这个结果——您也许更喜欢这个结果背后的为什么。

据我的观察，一些优秀家长持之以恒、行之有效的方法，只是保持朴素的感情，朴素的道理，回归到教育的本源，教育的常识。我看就是采用了下面几种“比”法：

- 温暖地比

您一方面对“别人家孩子”那么欣赏不已，美化有加，热情似火，相见恨晚，恨不得夺人所爱“久借荆州”；另一方面对“自己家孩子”横挑鼻子竖挑眼，横看竖看不顺眼，批评之声声声不已，责备之意意犹未尽。您一方面对“别人家孩子”“高看一等、厚爱有加”，另一方面对“自己家孩子”“严是爱来宽是害”。如此刻意的“内外有别”，却让“自己家孩子”产生感情上的疏远，甚至产生“谁亲生、谁抱养”的疑惑与“喜欢谁、讨厌谁”的对立。

前面说过了，一旦孩子心存芥蒂，情有不悦，那么他对您“教育”的回应，就是抵触与排斥。

您回想一下自己的感受：有功力的领导批评您之前，总是作许多气氛上、感情上、情绪上、心理上的铺垫。在您从心底认为领导待我情同手足、与我肝胆相照的时候，再来帮助、提高。那时，您是不是挨了批评还感激领导苦口婆心、推心置腹呢？是不是钦佩领导一针见血、一语中的呢？是不是庆幸领导明察秋毫、防患未然呢？

● 积极地比

家长通常会把“别人家孩子”作为标杆，以“像他一样”为标准，强求孩子盲目模仿。由于孩子并未理解“精神实质”，加之家长又未必树得准确，弄不好比来比去，孩子如东施效颦、邯郸学步，非但没能学到精华，反倒丢了自身宝贵的特色长处。

我观察一些有作为的家长，他们往往以自己孩子为主体，从完善自己、完美自己、丰富自己、强大自己为出发点，来调动孩子对光荣与梦想的向往和追求，积极主动地接纳并吸取“别人家孩子”优秀的方面，从而让自己更开阔，更包容，更有高度，更有境界。

积极主动并非孩子天生的特质，是家长耳提面命的潜移默化、日积月累。家庭教育，重要的是改变一厢情愿、单向教育的陈词滥调，改变一味支配孩子、打理孩子的陈规陋习。

教育，不只是让孩子传承，还要创新；不只是让孩子适应，还要改变。

始终让孩子有主人的意识，主人的担当，家长您就基本可以放心孩子的心理健康与精神状态了；始终让孩子以积极主动的姿态向长辈请教，向同学求教，家长您就基本不用担心孩子小肚鸡肠、鼠目寸光、尖酸刻薄、嫉贤妒能了。

因为，只有健康的心理和良好的心态，加之主动为之，积极为之，孩子才能走得更远，飞得更高，更有作为和出息。

● 自信地比

一般而言，在“别人家孩子”与“自己家孩子”之间，家长您总是以人之长比己之短，以人之圆比己之扁，以人之卓越比己之普通，以人之光彩夺目比己之平淡无奇……这样当然越比越兴味索然，越比越一脸茫然。

我们换一种思维方式，可以吗？反其道而行之——以己之一枝独秀比人之美中不足。让孩子确认，原来自己也是“别人家孩子”：有人欣赏，有人仿效；有人亦步亦趋，甚至有人顶礼膜拜——然后，引导孩子好好品味并学习“别人家孩子”“不足”之外的所有“美丽”，让孩子进入到一个更高的平台，具有更辽阔的视野。

当然，给孩子自信并非盲目为之，必须基于对孩子深深的爱与理性的把握。有的家长言不由衷地赞美本来的子虚乌有，信马由缰地放大难得的昙花一现，本意是给孩子以自信的，却不知建立在沙丘上的辉煌殿堂一旦坍塌，比不起眼的农舍茅棚的突然消失，更能摧毁神圣的信仰。

除此之外，给孩子自信，千万别一味突出强调其聪明天赋，而要高度赞美他的主观努力——就是天资超群，也须持续努力——只有努力，才有进步的动力，才能成就最好的自己。

本来普通人的天资差异就不大，成功总是与努力一路并行。特别是孩子，如果“自信”来源于自以为而其实未必存在的“先天优势”，那么，他就很难在不可回避的激烈竞争中激流勇进，勇往直前——家长您良药苦口、良苦用心的“比”，也就失去原有的意义，本来的价值。

还有一句未必多余的话：不管“别人家孩子”还是“自己家孩子”，在今天这个高度开放的世界里，在这个每个人都有出彩机会的环境下，“比”的立足点早不是僵化体制下的非此即彼，此消彼长，而是整个一代人高度的提升、空间的拓展，是整个一代人的多元发展，合作共赢。

诚所谓“海阔凭鱼跃，天高任鸟飞”。

后　记

“文章是自己的好，孩子是自家的强。”

是自嘲？自傲？自得？自信？抑或自恋自怜、自娱自乐？不同语境下，或许都能解读出不同的情绪与情感；有时还会彼此缠绕，令人五味杂陈。

文章如同自己的孩子。亲密，温馨。爱屋及乌，爱不释手。一脉相承，十指连心——寄托着情怀，倾注着感情，蕴含着思考，承载着期望。

亦犹本书的形成。

比如，我们一万多名老师的躬身实践，三百多名校长的勤勉求索，无数教坛前辈的筚路蓝缕、茹苦含辛。如果说本书尚有教育思想的话，那一定是一线实践的提炼；如果说本书尚有教育智慧的话，那一定是集体创作的结晶。从某种意义上说，我只是顺其风水，享其精华，挂一漏万，得乎其中。

比如，老师的热情鼓励，家人的严格要求，朋友的大力支持，同事的鼎力帮助。特别是市作协李国胜主席以作家的眼光和语文老师的要求，协调内容与形式，特点与风格，乃至字斟句酌，来回推敲，时有通宵达旦，令人没齿难忘。

比如，武汉大学出版社郭志安老师，与我素昧平生，萍水相逢，却对本人本书厚爱有加，高看一眼；同时又以近乎苛刻的严谨和严格，坚守出版规范与职业准则，让我对“文章千古事”由衷地敬畏，几番修改完善，生怕误伤风雅，贻笑大方。

最令人动容的是，中国教育史上声名显赫、85 岁高龄的教育家刘道玉先生礼贤下士，倾力扶持，不仅精心审阅书稿，耐心指教，而且满怀厚望，欣然作序，一字一顿，亲手敲下洋洋 3000 余言。高山仰止景行行止之余，我深感受之有愧，惶惶然惴惴然唯恐愧对先生睿智深邃的目光。我深知，先生是因对教育事业的挚爱、对我们基层教育工作者的偏爱，才不吝点拨赐教，不吝褒奖鼓励，对我们的殷殷嘱咐，为我们指出奋斗目标。

本书脱稿早在一年以前，而刻意冷却、沉淀了一个四季更替。在又一轮春暖花开的读书季节，作者拜托素有批评精神、带有挑剔眼光的朋友们传阅书稿，竟还感受出滴滴嫩绿，缕缕清香，让人不厌其烦，甚至引人入胜；掩卷沉思而依然余音缭绕，乃至尚有相见恨晚之感，让人顿生并非敝帚自珍的自信——这“孩子”尚是可塑之材，至少对您孩子成长有着借鉴的价值。

当然，这自信，有待您的检验；这价值，将靠您的成全。

家长朋友，敬爱的老师，亲爱的读者朋友，到此，我们将要说再见了——尽管言犹未尽，意犹未尽。

令人欣慰的是，我们一起守望着孩子的进步；

令人开怀的是，我们一起完美着孩子的成长。

作　者

2018 年 7 月 25 日

QQ：873274958